Tristan und Isolde
Die Meistersinger
Parsifal

Tristan und Isolde
Die Meistersinger
Parsifal

Richard Wagners
vielschichtige Musikdramen
eingängig erzählt

von

Rolf Stemmle

Königshausen & Neumann

Bibliografische Information der Deutschen Nationalbibliothek

Die Deutsche Nationalbibliothek verzeichnet diese Publikation in der Deutschen Nationalbibliografie; detaillierte bibliografische Daten sind im Internet über http://dnb.d-nb.de abrufbar.

© Verlag Königshausen & Neumann GmbH, Würzburg 2006
Gedruckt auf säurefreiem, alterungsbeständigem Papier
Printed in Germany
ISBN 978-3-8260-3372-8
www.koenigshausen-neumann.de
www.libri.de
www.buchhandel.de
www.buchkatalog.de

Inhaltsverzeichnis

Tristan und Isolde

Die Meistersinger von Nürnberg

Parsifal

Tristan und Isolde

1.
Die verdrängte Liebe

In einer Zeit, die wir heute als frühes Mittelalter bezeichnen, also um die erste Jahrtausendwende, ereignete sich die tragische Liebesgeschichte von Tristan und Isolde. Die beiden sahen keine Möglichkeit, einen realen Raum für ihre Zweisamkeit zu schaffen. Viel zu sehr hatten sie sich im Laufe der Ereignisse in den Netzen ihrer Lebensumstände verfangen, viel zu stark hatte das dunkle Begehren nach einer endgültigen Lösung von ihnen Besitz ergriffen.

Schauplätze dieser Geschichte waren Irland und Kornwall, im Südwesten der englischen Insel gelegen, sowie Tristans Burg Kareol in der Bretagne.

Auf Kareol verbrachte Tristan seine Kindheit – als Waise, denn beide Elternteile waren früh verstorben. Das Land gehörte dem König von Kornwall, König Marke, Tristans Onkel. König Marke hatte in seiner Eigenschaft als Lehnsherr das kleine Herrschaftsgebiet an Tristans Vater verliehen. Die Vasalleneigenschaft war danach auf Tristan übergegangen. Mit diesem Stand verbunden war die Pflicht zu Treue und militärischem Beistand.

Ein Vormund übernahm Tristans Erziehung und sorgte dafür, dass der Knabe höfische Sitten sowie den Umgang mit den Waffen erlernte. So wuchs Tristan zu einem angesehenen Landesherrn und Ritter heran.

Doch er war hier in Kareol nicht glücklich. In seinem Innern herrschte Unruhe. Der beschauliche Landstrich lag viel zu abgeschieden, als dass er darin sein Bedürfnis nach Glanz und Ruhm hätte befriedigen können. Doch dies alleine war es nicht. Eine weitere Kraft arbeitete in ihm. In Augenblicken der Einsamkeit zog sie ihn in eine trübe Stimmung, und der Schatten, der sich auf sein Herz legte, erzeugte den Wunsch nach Auflösung und Vergehen.

Eines Tages fasste er einen überfälligen Entschluss: Er musste fort von hier. Und er hatte bereits ein Ziel vor Augen: den Hof von König Marke. Dort erhoffte er sich ein farbenfrohes Leben, ritterliche Abenteuer und womöglich auch eine heilende Heimat für seine traurige Seele. Er löste also kurz entschlossen die Hofhaltung auf und überließ das Land seinem Volk. Einzig sein treuer Knappe Kurwenal durfte ihn begleiten.

Tristan wurde in Kornwall nicht enttäuscht. König Marke herrschte mit glücklicher Hand. In den vielen Jahren seiner Regentschaft hatte er das Land zu einem wohlhabenden und starken Reich gemacht. In seiner Burg versammelte er eine stattliche Zahl an Begünstigten und Höflingen, unter denen ein abwechslungsreiches und ausgelassenes Leben entstanden war. Es gab Turniere, Jagden und prunkvolle Feste – alles, was dem jungen Ritter in Kareol gefehlt hatte.

Einzig König Marke selbst wollte sich in dieses Treiben nicht recht einbringen. Er war inzwischen betagt, und seine Frau war vor etlichen Jahren kinderlos verstorben. Obwohl also kein direkter Erbfolger vorhanden war, fehlte ihm die Kraft, Heiratsplänen, die immer wieder von Höflingen entworfen wurden, ernsthaft nachzugehen.

Dass Tristan nach Kornwall gekommen war, kam ihm sehr gelegen. Er schätzte seinen Neffen als ehrenwerten, aufrichtigen Mann, zu dem er rasch ein herzliches Vertrauensverhältnis aufzubauen vermochte. Die Intensität dieser Beziehung verminderte Markes Interesse an einer neuen Ehe, denn in Tristan sah er bald einen würdigen Thronfolger.

So gut sich Tristan zusammen mit Kurwenal unter den Höflingen auch eingelebt hatte, diese Entwicklung erzeugte natürlicherweise Neider. Doch Neider geben ihre Haltung nicht offen zu erkennen. Tristan war oft blauäugig und unvorsichtig, interpretierte zweideutige, gehässige Äußerungen als harmlose Späße.

Am besten ließ er sich von Melot täuschen: Gegenüber Tristan zeigte sich dieser als freundlicher Ritter, bei Turnieren als ebenbürtiger Kämpfer, darüber hinaus als verständnisvoller, gebildeter Gesprächspartner. So gerne Tristan seinen treuen Kurwenal mochte, so sehr fehlte ihm an seinem Begleiter der Sinn für nachdenklichere Themen. In Melot hingegen fand er einen Seelenverwandten, dem er oft tieferen Einblick in seine Gedanken gewährte, als dies angesichts seiner hervorgehobenen Stellung ratsam war.

Seit langer Zeit befand sich Kornwall in Abhängigkeit vom mächtigen Königreich Irland. Kornwall war einst bezwungen worden und seither verpflichtet, an Irland regelmäßig Zinszahlungen zu leisten. Mit dem Aufblühen neuer Stärke entstand in Kornwall der Mut, gegen diese lästige Verpflichtung vorzugehen. König Marke und seine Landsleute fühlten sich kampfbereit genug, die Zinszahlungen einzustellen und das verhasste Irland zu provozieren.

In Irland herrschte eine Königin. Sie war weithin bekannt als Zauberin. Von den Tränken und Salben, die sie herstellen konnte, wurden schier unglaubliche Geschichten erzählt.

Ihre Tochter Isolde war zum Zeitpunkt, als Kornwall gegen die Vorherrschaft Irlands aufbegehrte, bereits in heiratsfähigem Alter. Ihr Verlobter Morold, den sie aufrichtig liebte, konnte sich als Thronanwärter betrachten, weshalb er sich anbot, mit einer Kriegerschar nach Kornwall zu fahren, um die fällige Zahlung notfalls mit Waffengewalt einzutreiben. Isolde weihte seine Waffen, die Mutter gab ihm giftige Tränke mit. Dann machte er sich auf die Reise.

Nachdem in Kornwall die Meldung eingetroffen war, dass feindliche Schiffe nahen, beauftragte König Marke Tristan mit der Gegenwehr. Bei einer kleinen Insel vor der englischen Küste gerieten die Heere aufeinander. Die Schlacht mündete in einen Zweikampf zwischen Tristan und Morold. Der Ire, der seine Schwertscheide mit dem Gift der Königin eingerieben hatte, schlug seinem Kontrahenten eine Wunde. Tristan ignorierte sie, und schon kurz darauf gewann er die Oberhand. Mit einem kraftvollen Hieb schlug er eine tiefe Kerbe in Morolds Schädel, mit einem zweiten trennte er den Kopf vom Leib. Damit war der Krieg entschieden. Tristan nahm den Kopf seines Feindes und warf ihn vor die verbliebenen irischen Kämpfer. Sie sollten ihn als Antwort Kornwalls mit nach Hause nehmen. Die Iren nahmen den Schädel und zogen ab.

Tristan vergrub mit seinen Gefolgsleuten die Leiche Morolds, dann wollten auch sie die Rückfahrt antreten. Doch Tristans Wunde schmerzte. Er ahnte, dass Gift der irischen Königin in seinen Körper gelangt war und sein Leben bedrohte. Seine einzige Hoffnung war, rechtzeitig an ein Gegengift zu kommen. Er musste nach Irland. In einem kleinen Kahn trat er die Reise ins Ungewisse an.

Unterdessen erreichten die geschlagenen irischen Krieger die Heimat. Mit Entsetzen nahm die Königin zur Kenntnis, welch starker Gegner inzwischen aus Kornwall geworden war. Anstatt weiter Zinszahlungen aus dem Land ziehen zu können, musste man es zwangsläufig als eigenständig achten, wenn nicht sogar fürchten.

Dann zeigten die Krieger, was Tristan ihnen mitgegeben hatte. Isolde, zutiefst getroffen, schloss den blutigen Schädel in die Arme und bedeckte ihn mit Küssen. Dabei fand sie ein längliches Metallstück. Dieser Splitter musste vom Zweikampf stammen, vom Schwert des Gegners. Sie nahm das Stück an sich. Dem Mörder schwor sie Rache!

Einige Tage später, bei einem Spaziergang bei Sonnenuntergang entlang der Küste, traurig und in Gedanken versunken, bemerkte Isolde einen winzigen, armseligen Kahn, der langsam auf die Küste zutrieb. Sie holte ihre Zofe Brangäne herbei. Gemeinsam zogen sie das Gefährt ans Ufer. Als Isolde den Fremden sah, der völlig ausgezehrt und todkrank auf dem Boden des Kahnes schlief, erfasste sie Mitleid. Es musste ein Krieger aus Kornwall sein, der nach der Schlacht ins Meer hinaus getrieben worden war, vermutete sie. Da sie fürchtete, ihre Landsleute könnten den Mann aus Rache töten, beschloss sie, den Unbekannten heimlich in ein Nebengebäude der Königsburg zu bringen. Einzig Brangäne, die ihr bei dieser Unternehmung zur Seite stehen musste, wurde zur Mitwisserin.

Die beiden Frauen bereiteten in der dunklen Kammer ein Krankenlager und hüllten den Fremden in Decken. Brangäne entfernte sich kurz, um Wasser und frisches Verbandszeug zu holen. Währenddessen sorgte Isolde für den Verletzten. Dabei fiel ihr Blick auf sein Schwert. Sie entdeckte eine Scharte. Ihre Befürchtung bewahrheitete sich: Der Splitter aus Morolds Kopf fügte sich in das Schwert. Der Fremde war also der Mörder Morolds!

Sofort kam ihr in den Sinn, dass sie Rache geschworen hatte. Sie packte also rasch das Schwert und schwang es in die Höhe, um einen tödlichen Streich zu führen. In dieser Sekunde öffnete Tristan die Augen, und ihre Blicke trafen sich. Sofort entstand eine solch heftige Spannung, dass Isolde das Schwert kraftlos zur Seite legte. Sie strich stattdessen liebevoll durch sein Haar; so lange, bis Brangäne eintrat. Die Königstochter zog sich zurück auf ein freundliches, aber distanziertes Verhalten. Niemand sollte von ihrer Entdeckung, noch weniger von ihren Gefühlen erfahren – Gefühle, die nicht sein durften. Viel zu groß war die Gefahr, dass ihre Verbundenheit mit dem toten Morold in Abrede gestellt würde.

Tristan ahnte trotz seines fiebrigen Zustandes, dass er soeben entdeckt worden war. Aber der Blick Isoldes hatte ihm das Gefühl von Geborgenheit und Sicherheit verliehen. Da sich Isolde vor Brangäne verstellte, schwieg auch er, verblieb in der Rolle des Unbekannten und gab sich den unverfänglichen Namen „Tantris".

Für Isolde war eindeutig, dass dieser „Tantris" an einer Vergiftung litt, die auf ein Gebräu ihrer Mutter zurückzuführen war. Sie beschaffte das Gegenmittel, sodass die Wirkung abklang. Dank Wundersalben heilte die Wunde rasch, und schließlich war ein Grund für „Tantris'" Aufenthalt in dieser geheimen Kammer nicht mehr vorhanden.

Isolde litt an dem Konflikt zwischen ihrer Treue gegenüber Morold und ihren Gefühlen für Tristan. Sein Anblick führte ihr diese Situation täglich vor Augen. Anstatt dieses Dilemma zu überwinden und mutig für ihre Liebe einzutreten, forderte sie „Tantris" auf, Irland zu verlassen. Tristan schwor ewige Treue. Dann kehrte er Irland den Rücken – so heimlich, wie er gekommen war.

Doch die Begegnung mit Isolde gärte in Tristan, führte zu Liebe. Er wusste nicht, wie er mit diesem Gefühl umgehen sollte. Isolde war Königstochter, er hingegen lediglich ein Vasall aus dem unbedeutenden Kareol, allenfalls eventueller Thronfolger.

Tristan floh in seine innere Welt. Der Tatendrang und die Freunde an Glanz und Pracht, die ihn bisher bestimmt hatten, verloren sich. Seine dunkle Seite kam vermehrt zum Vorschein. Und doch konnte er es nicht lassen, von seiner Zeit in Irland zu erzählen, verheimlichte natürlich seine Empfindungen, rühmte aber die Schönheit der Königstochter – so nachdrücklich, dass der scharfsinnige Melot hinter den Wörtern ein tiefergehendes Interesse bemerkte.

Unterdessen erhoben sich nach dem erfolgreichen Krieg die Stimmen bei Hofe, die eine Wiederverheiratung Markes forderten. Als bei einer ausgelassenen Feier die Höflinge auf Tristan eindrangen, er solle sich nicht weiter als Thronfolger gebärden und das Glück seines Onkels in den Vordergrund rücken, geschah etwas Ungeheuerliches. Es können vielfältige Gründe gewesen sein: der heimliche Wunsch, Isolde wiederzusehen, ein dunkler Trieb, sich selbst in eine qualvolle Situation zu bringen, oder der Drang, Isolde endgültig unerreichbar zu machen, im irrigen Glauben, dadurch das heftige Gefühl ersticken zu können. – Tristan schlug die irische Königstochter als Braut vor! Als König Marke den Vorschlag ablehnte, ging Tristan sogar einen Schritt weiter. Er drohte, er wolle Kornwall verlassen, wenn der Onkel nicht endlich eine Wiederverheiratung anstrebe. König Marke gab schließlich nach, und Tristan sollte nach Irland segeln und Isolde als Braut werben.

Tristan wagte es nicht, darüber nachzudenken, was er da getan hatte. Er verfiel in ein düsteres Grübeln und machte sich wenige Tage später auf den Weg.

2.
Der Liebestrank

Als Tristan in Irland anlangte und bei der Königin vorsprach, rief er große Überraschung hervor. Der Schock des verlorenen Krieges saß tief, und so sah das irische Königshaus in dem Ansinnen König Markes einen interessanten Vorschlag, wie das Verhältnis der beiden Reiche neu und friedlich geregelt werden könnte.

Der Freude Irlands über diese glückliche Wendung stand Isoldes Schweigen gegenüber. Statt des starken Helden Morold sollte sie nun den greisen König Marke zum Ehegatten erhalten. Und das Schlimmste: Die Brautwerbung hatte Tristan überbracht. Sie ging sicher davon aus, dass sein damaliger Treueschwur von Liebe getragen war. Zwangsläufig musste sie daher in seinem Verhalten eine Schmähung und Preisgabe ihrer gemeinsamen Gefühle erblicken.

Isolde betrat in Begleitung von Brangäne wortlos und ohne Abschiedsgruß das Schiff, das kurz darauf Richtung Kornwall in See stach.

Erster Aufzug Die lange Fahrt über hat Isolde diese Haltung beibehalten. Sie verharrt in einem zeltartigen Raum auf dem Deck, spricht allenfalls mit Brangäne, verweigert Nahrung und Nachtruhe. Sie hat sich auf ihr Lager geworfen und brütet vor sich hin.

Bei den Seeleuten schürt die Art und Weise, wie sie sich gibt, natürlich Spott und Hohn. „Frisch weht der Wind der Heimat zu: mein irisch Kind, wo weilest du? Sind's deiner Seufzer Wehen, die mir die Segel blähen?", singt ein Seemann hoch oben am Mast auf seinem Aussichtsposten.

Das freche Lied holt Isolde aus ihrer Apathie. Sie ruft nach Brangäne: „Sag – wo sind wir?"

Brangäne hat durch die Vorhänge gespäht. Die See sei ruhig, sodass das Schiff wohl gegen Abend in Kornwall ankommen werde.

„Nicht heut noch morgen!", wütet Isolde, was Brangäne unverständlich bleiben muss. Sie hat zwar bemerkt, wie dumpf Isolde seit der Brautwerbung geworden ist, die Hintergründe und das Ausmaß ihres Leidens sind ihr aber nach wie vor unbekannt. Sie hat auch in Tristan bislang nicht den unbekannten Verwundeten von damals erkannt. Erst als Isolde in diesen heftigen Zorn ausbricht, beginnt sie zu ahnen, was in ihr vorgeht.

Wie gerne würde sie, Isolde, einen tobenden Sturm entfachen, wie dies ihren Ahnen noch möglich gewesen war! Wie sehr wünscht sie sich, dass stürmische See das Schiff mit

14

seiner gesamten Besatzung zerschlägt und die Trümmer verschlingt!

Brangäne versucht, Isolde zu beruhigen, und bittet sie, ihr endlich den Grund für ihre Qual zu sagen. Doch Isolde lenkt ab: „Mir erstickt das Herz!" Brangäne muss die Vorhänge öffnen.

Der Blick wird frei auf das Deck und das Meer. Seeleute arbeiten oder lungern herum, an der Reling steht Tristan, zu seinen Füßen sitzt Kurwenal. Tristan hat die Arme verschränkt und starrt auf die See. Sehr schnell spürt er, dass Isolde ihn beobachtet. Er sieht kurz hinüber zu ihr, um sich sogleich wieder in seine bewegungslose Haltung zu flüchten. Diese Eiseskälte, ob echt oder gespielt, treibt die Königsbraut in noch viel größere Wut und Verzweiflung. Voll Abscheu fragt sie Brangäne, was sie von diesem Knecht dort drüben hält.

„Wen meinst du?", fragt Brangäne ahnungslos.

„Dort den Helden, der meinem Blick den seinen birgt, in Scham und Scheue abwärts schaut."

Die Herrin meine wohl Tristan. Er sei ein hochgepriesener Held!

Darüber kann Isolde nur höhnisch lachen. Er habe Angst und gebe sich stolz und abweisend, weil er genau wisse, dass er seinem Herrn eine Leiche als Braut übergeben wird. Dann trägt sie Brangäne auf, Tristan hierher ins Gemach zu holen.

Die Dienerin macht sich auf den Weg, wohl ahnend, dass der Auftrag mit einer Bedeutung belastet ist, die sie nicht durchschaut. Dementsprechend unsicher geht sie an Tristan und Kurwenal heran.

Der Diener macht seinen Herrn auf Brangäne aufmerksam. Tristan erschrickt, die Worte „Was ist? Isolde?" kommen ihm unwillkürlich über die Lippen. Dann fasst er sich und fragt mit falscher Untertänigkeit, was es von der Herrin zu melden gibt.

Isolde möchte ihn sehen.

„Grämt sie die lange Fahrt, die geht zu End'", scherzt Tristan affektiert. Aber selbstverständlich werde er jeden Wunsch erfüllen.

Brangäne wiederholt ihren Auftrag.

Tristan lehnt nun ab. Er müsse Isolde zu König Marke bringen und folglich darauf achten, dass die Fahrt reibungslos vonstatten gehe, weshalb er jetzt nicht vom Posten könne.

Als Brangäne eindringlich klarstellt, dass dies ein Befehl sei, drängt sich Kurwenal vor. Er hat eine zynische Antwort auf den Lippen: Wer seine Aussicht auf den Thron von Kornwall an eine irische Maid verschenkt, der kann dieser Maid nicht auch noch dienen – selbst wenn ihm tausend Frauen grollen sollten. Im Übermut erinnert er an den Tod Morolds und die Niederlage Irlands. „Hei! Unser Held Tristan, wie der Zins zahlen kann!"

Kurwenals Spottlied

Tristan, dem dies zu weit gegangen ist, schickt Kurwenal vom Deck. Brangäne läuft bestürzt zu Isolde, schließt die Vorhänge und berichtet den Vorfall. Die Worte Kurwenals hat Isolde selbst mit angehört.

Jetzt kann sie ihre Qual nicht länger in sich halten. Sie zieht Brangäne zu sich und beginnt, jene Begebenheit zu erzählen, die sich damals in ihrer Abwesenheit zugetragen hat: Der Augenblick, als Isolde feststellte, dass sich der Splitter aus Morolds Schädel in das Schwert jenes „Tantris" fügt, sowie ihr anschließender Versuch, Rache zu üben. Mitleid habe sie damals erfasst, behauptet sie.

Jetzt wird Brangäne der Zusammenhang deutlich: „Wo hatt' ich die Augen? Der Gast, den einst ich pflegen half?"

Jener „Tantris", der Dank und Treue geschworen hat, ist Tristan, der sich offensichtlich bereits wenig später an den Eid nicht mehr erinnern wollte. Er kam zurück, um sie für seinen müden Onkel Marke zu holen. Wenn Morold

16

noch leben würde, wer hätte es dann gewagt, ihr solche Schmach zuzufügen?!

Erneut redet sie sich in Zorn und Verzweiflung, gibt sich sogar die Schuld an der ganzen Entwicklung: Warum nur hat sie damals Morold nicht gerächt? Warum hat sie Tristan vertraut? Aufgebracht malt sie sich aus, wie er sich wohl nach seiner Rückkehr nach Kornwall verhalten haben mag. Wie er zu seinem Onkel ging und großspurig brillierte: „Das wär' ein Schatz, mein Herr und Ohm; wie dünkt Euch die zur Eh'?" Wie er sich angebiedert haben wird, sie für ihn zu holen: „Ein Wink, ich flieg' nach Irenland: Isolde, die ist Euer! Mir lacht das Abenteuer!"

Was soll Brangäne zum Trost sagen? Was soll sie der bodenlosen Traurigkeit ihrer Herrin entgegensetzen? Sie rät, die ganze Sache von einer anderen Seite aus zu betrachten: Wie könnte Tristan ihre Hilfe besser belohnen als mit dem Thron von Kornwall? Er hat für sie sein Erbe aufgegeben! Hat er seine Wertschätzung nicht dadurch bewiesen, dass er ihr einen edlen und herzlichen Ehemann verschafft hat?

Isolde will das nicht hören und wendet sich ab. Zweideutig sagt sie: „Ungeminnt den hehrsten Mann stets mir nah zu sehen! Wie könnt' ich die Qual bestehen?"

Sie meinte mit der Bezeichnung „hehrsten Mann" Tristan, doch Brangäne bezieht sie auf König Marke. „Ungeminnt?" Welcher Mann sei im Stande, sie nicht zu lieben? Dann geht sie nah an Isolde heran: Zur Not könnte man den Gefühlen nachhelfen. „Kennst du der Mutter Künste nicht?" Die Mutter habe an alles gedacht und ihr eine Truhe mit Säften und Salben mitgegeben.

Auf diese Idee geht Isolde nicht ein. Viel zu tief sitzt ihr Hass auf Tristan. Da dieser nicht zur Einsicht zu bewegen ist und ihr, Isoldes, Schicksal unausweichlich scheint, sieht sie sich zum Handeln gezwungen. Wenn die Entwicklung kein gutes Ende nehmen kann, dann muss sie eben in einer Katastrophe enden! Sie befiehlt Brangäne, die kleine, goldene Truhe zu bringen.

Das Fläschchen, das Brangäne herauszieht, steckt Isolde wieder zurück. „Du irrst, ich kenn' ihn besser; ein starkes Zeichen schnitt ich ihm ein." Sie hält das gesuchte Gefäß gegen das Licht. „Der Trank ist's, der mir taugt!"

Brangäne erschrickt: „Der Todestrank!"

Sie will versuchen, Isolde von ihrem wahnsinnigen Plan abzubringen, doch sie werden unterbrochen. Rufe der Schiffsleute sind zu hören. Es ist Wind aufgekommen, sodass die Fahrt an Tempo gewinnt. Da erscheint auch bereits Kurwenal im Zeltgemach. Die Frauen sollen sich fertig machen. Das Ziel sei bald erreicht. Tristan lässt bestellen, dass er die Braut unmittelbar nach der Ankunft an Land bringen wird.

Isolde gibt sich gefasst und würdevoll. Sie trägt Kurwenal auf, Folgendes Tristan zu übermitteln: Wenn sie schon Marke gegenüber treten muss, dann sollen vorab die Dinge zwischen ihm und ihr ins Reine gebracht werden. Sie verlangt Tristans Entschuldigung. Wenn er sich jedoch abermals weigert, zu ihr zu kommen, wird sie sich im Gegenzug weigern, vor König Marke zu treten.

Kurwenal begreift, wie ernst Isolde diese Drohung meint, und läuft zu Tristan.

Unterdessen geht Isolde auf Brangäne zu und umarmt sie: „Nun leb wohl, Brangäne! Grüß mir die Welt, grüße mir Vater und Mutter."

Die treue Dienerin ist mit der Situation völlig überfordert. Was will Isolde? Will sie fliehen? Soll sie Brangäne begleiteten?

Nein, Isolde will hier bleiben, will Tristan erwarten. Brangäne soll den Sühnetrank vorbereiten.

„Und welchen Trank?", fragt Brangäne aufgeregt.

„Diesen Trank! In die goldne Schale gieß ihn aus!"

Brangäne will nicht glauben, dass Isolde ganz bewusst das markierte Fläschchen als Sühnetrank auswählt – das Getränk sowohl für Tristan als auch für Isolde! Sie bittet verzweifelt darum, sie möge diese Bürde von ihr nehmen. Doch die Herrin reagiert voller Ungeduld. Auch für eine ausweglose Situation habe die Mutter vorgesorgt! „Für tiefstes Weh, für höchstes Leid gab sie den Todestrank. Der Tod nun sag ihr Dank!" Mit einer scharfen Ermahnung zwingt sie Brangäne zur Mithilfe.

Plötzlich steht Kurwenal im Raum. Tristan sei nun bereit!

Brangäne läuft in den Hintergrund, Isolde sammelt ihre Kraft und findet zu angestrengter Würde und Haltung. Dann erscheint Tristan. Auch er gibt sich größte Mühe, seine Nervosität zu unterdrücken und aufrecht zu wirken. Nachdem er seine Ehrerbietung zum Ausdruck gebracht hat, verharren beide. Sie schweigen schier unendlich lange. So direkt standen sie sich nie gegenüber, so eindeutig war die ungeheure Spannung zwischen ihnen seit damals nicht zu spüren. Liebe und Hass ziehen an ihnen – sowie das Verlangen, eine Auflösung zu finden.

Die ersten Worte wagt Tristan: „Begehrt, Herrin, was Ihr wünscht."

Er wisse dies selbst, entgegnet Isolde, sonst würde er ihrem Blick nicht ausweichen – aus Furcht, es zu erfüllen.

„Ehrfurcht hielt mich in Acht."

Davon habe sie bislang nichts gemerkt. Stattdessen habe er mit offenem Hohn auf ihren Gesprächswunsch reagiert.

Sie betasten sich eine Weile mit bitteren Vorwürfen und fadenscheinigen Ausreden. Schließlich treibt Isolde das Gespräch auf die wunden Punkte zu: „Blutschuld schwebt zwischen uns." Auf Tristans Einwand, der Kampf zwischen den Völkern sei beendet, antwortet sie: „Nicht zwischen uns!"

Sie kehrt die Verletzung hervor, die ihr Tristan mit dem Bruch des unausgesprochenen Seelenbündnisses zugefügt hat. Die heimliche Vereinbarung sei somit hinfällig. Ab jetzt wolle sie nur noch offenkundige Erklärungen gelten lassen: Tristan habe ihr beim Abschied Treue geschworen, sie hingegen habe das nicht getan! Von ihrem Eid aber, für Morolds Ermordung Rache zu nehmen, sei sie niemals abgerückt. Ziel ihrer Fürsorge für Tristan sei daher lediglich gewesen, den Kranken gesund zu pflegen, sodass irgendwann ein Streiter an Isoldes Seite an ihm Rache nehmen könne. Da Tristan aber keine Feinde habe, wisse sie nicht, wer die Tat vollbringen solle, räumt Isolde abschließend ein.

Isolde ist es inzwischen gelungen, Tristan gänzlich auf die Ebene der Seelengemeinschaft zu ziehen. Er fühlt sich dafür schuldig, dass er durch sein Verhalten der Verbindung den Boden entzogen hat. Ihm bleibt nur, auf dieser offenkundigen Ebene Sühne zu leisten. Er reicht daher Isolde sein Schwert, um sie noch einmal in die damalige Situation zu versetzen.

Doch Isolde führt anderes im Schilde und spielt die Friedfertige. Was würde König Marke dazu sagen, wenn die Braut den Werber erschlüge? Sie weist das Schwert zurück. Stattdessen will sie sich mit Tristan plötzlich aussöhnen. Sie befiel Brangäne, den Sühnetrunk zu bereiten.

Verwirrt und hilflos macht sich Brangäne ans Werk. Was soll sie tun? Tatsächlich den Todestrank reichen? Wie soll sie das verantworten? Soll sie sich gegen den Wunsch der Herrin stellen?

Tristan ahnt, dass Isolde mit dieser freundlichen Geste das Dilemma, das er geschaffen hat, begreiflich machen will und keineswegs bereit ist, Harmonie herzustellen. Auf Isoldes Frage, ob denn auch er zur Sühne bereit sei, weiß er folglich keine Antwort.

Die Zeit drängt, die See treibt das Schiff auf Kornwall zu, und die Seeleute bereiten die Landung vor.

Brangäne bringt die Schale.

Isolde muss noch tiefer in die Wunde bohren, um zu verhindern, dass Tristan in düsteren Gedanken versinkt. Könne er sich denn nicht freuen? In Kürze stünden sie vor König Marke und er könne sagen: Schau dieses sanfte Weib! Ich habe einst ihren Verlobten erschlagen, sein Haupt nachhause geschickt, sie hat meine Wunden gepflegt, sie nimmt Schande und Schmach in Kauf, um deine Gattin sein zu dürfen. Und zuletzt hat sie mir auch noch einen Vergebungstrank gereicht! Das Ignorieren des Seelenbündnisses und sein Verhalten können nur den Tod zur Folge haben. Tristan weiß nun, dass der Sühnetrank ein Todestrank ist. „Wohl kenn' ich Irlands Königin und ihrer Künste Wunderkraft." Die Überwindung seiner inneren Spannung und der Tod waren für ihn, den schwermütigen Ruhelosen, stets das Selbe. Also sieht er in dem Trank ein Mittel zur vollkommenen Genesung. „Tristans Ehre – höchste Treu'! Tristans Elend – kühnster Trotz! Ew'ger Trauer einz'ger Trost: Vergessens güt'ger Trank, dich trink' ich sonder Wank!" Dann trinkt er.

Isolde reißt den Becher an sich und leert ihn.

Sie stehen sich gegenüber und warten auf den Tod. Der Saft dringt in ihre Körper, in ihr Blut, doch weder Dämpfung noch Lähmung tritt ein. Im Gegenteil. Der Wirkstoff belebt die Nervenstränge, versetzt sie in Anspannung, über die düstere Realität legt sich flirrender Glanz. Alles, was die beiden gehemmt und zurückgehalten hat, verschwindet in der Bedeutungslosigkeit, und eine mächtige Zugkraft bricht hervor.

„Tristan!", kommt es aus Isolde. „Isolde!", antwortet es aus Tristan.

Brangäne hat in ihrer Not die Tränke vertauscht. Als sie mit ansieht, wie die beiden in eine heftige Umarmung getrieben werden, wird ihr klar, was sie getan hat: Sie verhinderte die Todeskatastrophe, aber hat eine andere Katastrophe geschaffen!

Vergangenheit und Gegenwart haben für beide jegliche Bedeutung verloren. „Was träumte mir von Tristans Ehre?" – „Was träumte mir von Isoldes Schmach?" Die Beweggründe von einst sind hinfällig, es gilt nur noch das Gegenüber. Die Gefühle sind so heftig hervorgebrochen, dass sie hilflos nach Worten suchen müssen, um ihre Wandlung erfassen zu können. Ekstatisch rufen sie schwelgerische Sätze in ihre Umarmung, umfassen, umklammern sich wild, mit dem Drang, sich in eine neue Existenzebene zu pressen.

Plötzlich werden die Vorhänge auseinander gerissen. Das Deck hat sich mit Rittern und Seeleuten gefüllt. Das Festland mit der mächtigen Felsenburg König Markes ist nah herangerückt. Es herrscht großer Jubel.

Brangäne läuft auf Tristan und Isolde zu: „Unsel'ge! Auf! Hört, wo wir sind!" Sie holt Mantel und Königsschmuck herbei, schiebt Tristan beiseite und bekleidet ihre Herrin. Während die Mannen bereits begeistert König Marke zurufen, kommt Kurwenal herbei. Er meldet, der König fahre in einem Nachen dem Schiff entgegen.

Tristan, völlig verwirrt, ruft: „Welcher König?"

Auch Isolde kann die Nachricht nicht mehr einordnen. Ein wenig hilft ihr Brangänes rasches Geständnis, dass sie in den Becher den Liebestrank gegossen hat. Doch sie versucht, weiter Verbindung zu Tristan zu halten. „Muss ich leben?", ruft sie aus. Dann aber wird sie von Brangäne und anderen Frauen in eine angemessene Haltung gebracht.

Eine Brücke wird angelegt. Die ersten Höflinge erreichen das Deck. Allen voran Melot. Nur schemenhaft begreifen Tristan und Isolde, welcher Schein von ihnen erwartet wird. Wie in Trance tasten sie sich König Marke entgegen.

3.
Die missglückte Flucht aus dem Tag

Die feierliche Übergabe von Isolde an König Marke ist ohne Skandal über die Bühne gegangen. Dank der Geistesgegenwart von Kurwenal und Brangäne haben Isolde und Tristan im letzten Moment zu Zurückhaltung gefunden. Besorgt war König Marke der schwankenden Isolde entgegen gegangen, hat ihren Zustand als Aufgeregtheit und Seekrankheit interpretiert und sie dann in die Burg gebracht. Hier hatte man bereits Gemächer für sie eingerichtet, in denen sie sich bis zum Hochzeitsfest erholen sollte.

Auf Tristan war die Aufmerksamkeit Melots gerichtet. Nachdem Melot Isolde gesehen hatte, begann in seinem Kopf die Idee zu kreisen, auf Markes baldigen Tod zu spekulieren, um anschließend Isolde heiraten und die Königskrone erlangen zu können. Dementsprechend freundlich verhielt er sich, wenn ihm Isolde bei einem Spaziergang durch die Burganlage begegnete.

Seine Überzeugung, dass in Tristan ein Nebenbuhler zu sehen sei, festigte sich, denn ohne große Mühe konnte man erkennen, wie stark sich Tristan seit der Brautwerbung verändert hatte. Aus dem Prahler war ein nervöser und scheuer Geheimnistuer geworden. Als Melot schließlich zufällig mitbekam, wie Kurwenal und Brangäne beieinander standen und offenbar Nachrichten austauschten, wurde er bei König Marke vorstellig.

Dieser hatte in den vergangenen Tagen Isolde gelegentlich in ihren Gemächern aufgesucht, um sie im Gespräch näher kennen zu lernen und Fragen bezüglich der anstehenden Feierlichkeiten zu klären. Er war in Anbetracht der Aussicht, an ihrer Seite den Lebensabend zu verbringen, sichtbar aufgeblüht. Umso bestürzter reagierte er, als Melot seine Beobachtungen und Mutmaßungen vortrug. König Marke, von Eifersucht getrieben, erklärte sich rasch bereit, eine Falle zu stellen. Man verkündete tags darauf den Rittern und Höflingen, man wolle eine nächtliche Jagd abhalten. Tatsächlich erklärte Tristan, er fühle sich nicht wohl, weshalb er es vorziehe, nicht teilzunehmen. Marke zog also an der Spitze der Jagdgesellschaft aus der Burg, nicht ohne geheime Vorbereitungen getroffen zu haben.

Zweiter Aufzug Über die Boten Kurwenal und Brangäne haben Isolde und Tristan ein Treffen vereinbart. Sobald Isolde die Fackel vor ihren Gemächern löscht, kann Tristan in den angrenzenden Burggarten kommen. Während aus der Ferne noch das grobe Geschmetter der Jagdhörner zu hören ist, späht Brangäne über die Zinnen. Wann sind die Reiter weit genug entfernt?

Isolde kommt ungeduldig aus ihrem Gemach. Sie fiebert dem Wiedersehen mit Tristan entgegen und hält die Voraussetzungen bereits für gegeben. Was man als Jagdmusik wahrnehme, sei in Wirklichkeit das Rauschen des Laubes oder das Plätschern eines Brunnens. Brangäne steigt hinunter in den Garten. Ihr Gefühl mahnt zum Abwarten und Achtgeben: „Dich täuscht des Wunsches Ungestüm, zu vernehmen was du wähnst." Auf Brangänes Warnung, dass sie beobachtet werden könnten, reagiert Isolde mit Blauäugigkeit. Das macht die Dienerin wütend: „Weil du erblindet, wähnst du den Blick der Welt erblödet für euch?" Dann verdächtigt Brangäne Melot. Er belaure Tristan und umschmeichle sie, Isolde – doch alles sei gewiss nur ein falsches Spiel. Als ihn Isolde als treuen Freund Tristans bezeichnet, entgegnet Brangäne: „Von Tristan zu Marke ist Melots Weg." Die Jagd sei lediglich eine Falle, vermutet sie, „einem edlern Wild, als dein Wähnen meint, gilt ihre Jägerslist."

Isolde ist es überdrüssig, diese lästige Diskussion zu führen. Viel zu stark ist ihre Sehnsucht nach Tristan. Sie will, dass endlich vollkommene Dunkelheit und Stille einkehrt und Brangäne das Feuer der Fackel ersticken kann.

Die Erfolglosigkeit ihrer Warnungen macht Brangäne verzweifelt. Sie bedauert inzwischen, den Liebestrank gereicht zu haben. Aber was hätte sie tun sollen? Isoldes Tod wäre ihr ebenfalls unerträglich gewesen. Brangäne lässt mit ihrer Sichtweise, dass der Ausbruch der Liebe aus dem bloßen Vertauschen der Tränke resultiert, die Vorgeschichte außer Acht, und Isolde will sie daher nicht akzeptieren. Kenne Brangäne nicht Frau Minne? „Des kühnsten Mutes Königin? Des Weltenwerdens Wärterin?" Sie allein habe dies dank ihrer Zaubermacht bewirkt!

Brangäne ließe Isolde gerne in diesem Glauben, wenn sie nur ihre Befürchtungen ernstnehmen würde! Doch Isolde tut es nicht! „Frau Minne will: es werde Nacht, dass hell sie dorten leuchtet, wo sie dein Licht verscheuchte." Mit diesen Worten nimmt Isolde schließlich selbst die Fackel und erstickt die Flamme in der Erde. Endlich herrscht Dunkelheit, nur der Sternenhimmel sendet sein mildes Leuchten. Die Voraussetzung für das Treffen ist geschaffen!

Brangäne hat resigniert. Um wenigstens vor Unheil warnen zu können, zieht sie sich auf ihren Wachposten auf der Zinne zurück.

Die Spannung, die sich in Isolde und Tristan während *Liebesduett* der vergangenen Tage aufgestaut hat, entlädt sich in einer ungeheuren Ekstase, als Tristan endlich im Burggarten erscheint. Sie stürzen sich in eine heftige Umarmung, beginnen mit hektischen Liebkosungen. Euphorisch versuchen sie, dem anderen so nah wie möglich zu sein, die Grenze zum Gegenüber zu durchdringen. Wie unerträglich war das Leben in Distanz, stets im Bewusstsein, der Geliebte ist in der Nähe und trotzdem unerreichbar. Über viele Augenblicke hinweg musste eine andere Wirklichkeit vorgegaukelt, eine mühsame Verstellung aufrechterhalten werden. Doch nun ist diese qualvolle Zeit überwunden, nun sind beide ungestört, und ihre Liebe darf sich entfalten.

Erst nach vielen Küssen und Berührungen sind sie sich sicher, nicht in Traum oder Trug zu sein. „Das Licht! Das Licht!", ruft Tristan, „O dieses Licht, wie lang verlosch es nicht." Der Tag war längst vergangen, doch diese Fackel hat verhindert, dass sich die Nacht ausbreiten konnte. Die Hand der Geliebten habe sie endlich erstickt, beruhigt ihn Isolde. Sogar gegen die Bedenken von Brangäne musste sie sich stellen. Doch nun biete ihnen Frau Minne Sicherheit vor dem verhassten Tag.

Als Tag und Nacht bezeichnen sie die beiden Welten, zwischen denen sie hin- und hergeworfen werden. Der Tag mit seiner harten Helligkeit bewirkt, dass ihre Gefühle in die Gefahr geraten, den Blicken der feindlichen Umwelt ausgesetzt zu sein. Die Nacht hingegen sorgt für einen geheimen Zufluchtsraum, in dem sie ihre Zweisamkeit ausleben können. Isolde vertraut inzwischen darauf, dass jene Seite Tristans, die sich ihr in dieser nächtlichen Atmosphäre zeigt, seine wahrhaftige Seite ist. Doch die Verletzungen, die sie in der Vergangenheit erleiden musste, beschäftigen sie noch immer. Hat nicht auch damals, als er sie verleugnete, eine Fackel, dieses Tagessymbol, in seinem Herzen geleuchtet? So fragt Isolde mit leichtem Vorwurf.

Tristan gibt ihr Recht. Aber er habe Isolde von Licht und Glanz umgeben gesehen, so verteidigt er sich. Sie glich der Sonne! Das habe ihn einerseits begeistert, doch andererseits auch entmutigt, weil er keine Möglichkeit für eine standesgemäße Hochzeit sehen konnte.

„Was log der böse Tag dir vor", erwidert Isolde. Tristan musste doch ihre Liebe wahrgenommen haben! Wie konnte er sie dann verraten?

Jetzt, wenn er so nah bei Isolde in diesem nächtlichen Burggarten steht, über ihre Wangen streicht und an ihrem Haar riechen kann, ist ihre Liebe gegenwärtig und erfassbar.

Doch als er von ihr durch das weite Meer getrennt war, verdünnte sich dieser Liebesstrang zur bloßen Erinnerung, und er konnte nicht mehr einschätzen, ob diese Liebe tatsächlich existierte oder lediglich als illusorische Hoffnung in ihm lebte. Wie sollte er daraus sein weiteres Verhalten ableiten? Heute und hier in ihrer Gegenwart und Nähe kann er diese gegensätzlichen Zustände als Wahrheit einerseits und Verirrung andererseits bewerten. Weshalb ihm jedoch dieser Liebesstrang so schemenhaft werden konnte, weiß er nicht. Der innere Kampf zwischen diesen Zuständen erzeugte aber jenen Wahn, der ihn dazu verleitete, Isolde großtuerisch in der Öffentlichkeit anzupreisen. Dadurch jedoch, so erklärt er, sei er immer tiefer in gesellschaftliche Zwänge geraten. Um dieser inneren und äußeren Entwicklung zu trotzen, habe er schließlich die Brautwerbung eingefädelt.

„O eitler Tagesknecht!", tadelt ihn Isolde. Welche Verletzung, welches Leiden hatte sein Verhalten zur Folge! Wie sehr musste sie den Geliebten hassen! Wie schmerzte die Wunde, als der Ersehnte in der Helligkeit des Tages als Feind zurückkam – mit gefühllosem Blick. „Dem Licht des Tages wollt' ich entfliehn, dorthin in die Nacht dich mit mir ziehn." Als „Nacht" versteht sie nicht die Dunkelheit zwischen zwei Tagen, nein, sie wollte mit ihm in das Reich, wo die Verdrehung nicht bestehen kann, wo die Liebe ewig währt – ins Reich des Todes.

Ja, erklärt Tristan, er hat gewusst, dass die Schale, die sie ihm am Schiff reichte, einen Todestrank enthielt. Auch er hat gespürt, dass er seine Tagwelt nicht aufrechterhalten konnte und sein Dasein in die erhabene Welt der Nacht übergehen musste.

Als Isolde den Liebestrank, der sie beide zurück in den Tag geworfen hat, wütend verflucht, kann ihr Tristan nicht beipflichten. Hätte er damals den Todestrank zu sich genommen, so wäre er als Wahnbehafteter in das Wunderreich der Nacht gelangt und hätte darin „träumend gewacht".

Nein, er musste erst „nachtsichtig" werden, die Nacht also als Gegenwelt zum Tag begreifen lernen, um auf diesen endgültigen Schritt vorbereitet zu sein.

„Doch es rächte sich der verscheuchte Tag", erinnert Isolde. Sie lebe weiterhin in der glänzenden Tagwelt, in „öder Pracht". Wie solle sie damit umgehen? Tristan beruhigt sie. Nun sei die schmerzhafte und wichtige Erfahrung gemacht. Der Tag mit seinem oberflächlichen Glanz könne sie nicht mehr täuschen. Viel zu deutlich hätten sie inzwischen das Wundervolle der Nacht, der Todesatmosphäre, erkannt. Sie stünden nun in deren Bann.

Mit diesen Worten endet der Disput, und es kehrt Ruhe ein. Tristan ist es gelungen, begreiflich zu machen, was in ihm vorgegangen, von welchem „Wahn" er gefangen gehalten war. Und weshalb er den Liebestrank mit seiner befreienden Wirkung benötigt hat. Doch inzwischen ist eine neuerliche Beengung entstanden: Mit dem Einleben in diese entfesselte Liebe wurden ihnen die Mauern bewusst, zwischen denen ihre Gefühle nun eingezwängt sind. Anders als zuvor sieht Tristan den Tod nunmehr als Ziel, das ihm ein positives Empfinden in Aussicht stellt. Der Tod, nicht als Ende der Sackgasse, in die er sich verloren habe, sondern als verführerische Alternative zu einer ausweglosen Lebenssituation.

Das Vergangene ist begriffen, die Blockaden, die sich aufgetürmt hatten, lösen sich auf, und das Tor Richtung Zukunft kann sich öffnen.

„O sink hernieder Nacht der Liebe" und Brangänes Wachgesang „O sink hernieder Nacht der Liebe, gib Vergessen, dass ich lebe; nimm mich auf in deinen Schoß, löse von der Welt mich los!" In ihrer Fantasie beginnen sie die Reise in ihre dunkle Liebeswelt. Alles Licht, alles Denken, alles Diesseitige verlischt. Völliger Gleichklang stellt sich ein. Brangäne mahnt von der Zinne zur Vorsicht. Für das Liebespaar ist dieses Rufen nur eine lästige Trübung, Ausdruck von Neid und Wichtigtuerei.

Tristan fühlt den Augenblick gekommen, nun endlich hinüber in den Tod zu gehen. Aber Isolde hat Angst. Nicht vor dem Tod. Sie fürchtet vielmehr, dass mit dem Tod auch ihre Liebe zerschlagen werden könnte. Tristan hingegen kann keine Gefahr erkennen: „Wie könnte die Liebe mit mir sterben, die ewig lebende mit mir enden?" Dass seine Liebe selbst im Tod andauert, will sie gerne glauben. Was aber wird aus „ihrer" Liebe, aus dem Wörtchen „und", das sie bindet und dennoch trennt. Würde es nicht durch den Tod zerstört? Auch hierin beruhigt Tristan die Geliebte. Er sei von ihrer Unzertrennlichkeit über das Sterben hinaus überzeugt.

Mit seinen Worten findet auch Isolde zu dem Entschluss, das Reich der unendlichen Nacht als einzig mögliches Ziel anzustreben. Dies beflügelt erneut beider Fantasie. Sie tauschen Liebkosungen und Küsse aus, die Sätze, die sie sich schwelgerisch zurufen, verschlingen sich zu einem Hymnus auf ihre Liebe. „So stürben wir, um ungetrennt, ewig einig ohne End', ohn' Erwachen, ohn' Erbangen, namenlos in Lieb' umfangen, ganz uns selbst gegeben, der Liebe nur zu leben!" Im Rausch, im ekstatischen Drang streben sie nach dem Liebestod. Ihre Umarmung wird zur Umklammerung, ihr Jubel zum Bad in sehnsuchtsvollen Worten, in lustvollen Lauten. Immer mit dem Wollen, die Eigenständigkeit in Zweisamkeit aufzulösen, die Schwelle zum Tod zu überschreiten.

Plötzlich aber, gleichzeitig mit dem ersten Sonnenstrahl des Morgens, stürzt Kurwenal herein. „Rette dich, Tristan!", schreit er. Sein Schwert hat er gezogen. Wenige Augenblicke später stürmen König Marke, Melot sowie einige Ritter durch das Tor. Brangäne eilt herbei. Tristan hat sich unwillkürlich vor Isolde gestellt, als könnte er dadurch die Situation vor seinem Onkel verdecken.

König Marke muss erkennen, dass seine schlimmste Befürchtung Tatsache ist.

Während der Tag in den Garten bricht, versuchen sich die Beteiligten zu sammeln. Isolde und Tristan gelingt dies nicht. Der Tag und seine Welt sind ihnen völlig fremd geworden. Tristan sagt nur die Worte: „Der öde Tag, zum letzen mal." Dann starrt er ins Leere, berührt Isolde, um ihr zu verdeutlichen, dass ihre Entdeckung an ihrem Vorhaben nichts ändern wird.

Melot tritt eifrig an seinen König heran: Habe er nicht Recht behalten mit seinen Mutmaßungen? Habe er nicht den König vor der Schande bewahrt, eine Untreue zu heiraten?

Monolog
König Markes
Der König geht nicht darauf ein. Die Enttäuschung, dass sein geliebter Freund und Neffe sein Vertrauen derart ignorierte, seine Würde beschmutzte und seine Gefühle verletzte, macht ihn ratlos. Auf seine ohnmächtigen Vorwürfe antwortet Tristan lediglich mit einem wirren Ausbruch. „Taggespenster! Morgenträume!", ruft er – was den Umstehenden unverständlich bleiben muss.

Mit tief empfundenen Fragen und Vorhaltungen will Marke seinen Neffen auf ihre vertraute Freundschaftsebene holen, um vielleicht dort mit ihm ein klärendes Gespräch führen zu können. Es gelingt ihm sogar, Tristan traurig zu stimmen und schließlich Schuldgefühle zu wecken. Doch eine Antwort kann er nach wie vor nicht geben.

Der Zusammenbruch ihrer Beziehung stürzt König Marke in Verzweiflung. Er steht lange vor Tristan, erinnert an das Vergangene, beschreibt seine väterlichen und kameradschaftlichen Empfindungen, rühmt sogar Tristans Mut und Engagement. Doch im Fließen seiner Gedanken findet er nicht die kleinste Spur einer Erklärung, und so bleibt ihm nur das Klagen. Nachts musste er dem Freund nachspionieren! Und am Ende sollte sich der schäbige Verdacht tatsächlich bestätigen! In welchen Schmutz ist ihr Bund gefallen!

Der untreue Freund hat dies schweigend angehört. Die Vorwürfe und Fragen haben ihn bewegt, doch das Dilemma konnten sie nicht auflösen. Schwer spricht er, er könne nichts sagen und erklären. Er liebe Isolde, auch wenn ihn die Schmerzen Markes quälen. Und er könne daher nur einen einzigen Ausweg erkennen. Von seiner inneren Macht getrieben wendet er sich daraufhin zu Isolde, die alles Bisherige stumm über sich ergehen ließ. Mit schonungsloser Offenheit richtet er eine ungeheuere Frage an sie: „Wohin nun Tristan scheidet, willst du, Isold', ihm folgen? Dem Land, das Tristan meint, der Sonne Licht nicht scheint: es ist das dunkel nächt'ge Land, daraus die Mutter mich entsandt, als, den im Tode sie empfangen, im Tod sie ließ an das Licht gelangen. Was, da sie mich gebar, ihr Liebesberge war, das Wunderreich der Nacht, aus der ich einst erwacht; das bietet dir Tristan, dahin geht er voran: ob sie ihm folge treu und hold – das sag ihm nun Isold'!"

Isolde blickt ihm bewegungslos in die Augen. Sie sei mit ihm gekommen, als er sie als Feind in die Fremde geholt hat, antwortet sie, wie könnte sie ihre Gefolgschaft verweigern, jetzt, wo er sie in seine ureigene Heimat führen will? „Den Weg nun zeig Isold'!"

Tristan weiß, was er nun tun muss. Sanft küsst er die Stirn der Geliebten. Erwartungsgemäß reizt dies Melot. Dieser zieht seine Waffe, in der blinden Absicht, die Ehre des Königs zu verteidigen. Tristan packt rasch ebenfalls sein Schwert, geht dann aber langsam auf Melot zu und spricht: Ja, Melot sei einst sein Freund gewesen. Melot habe ihn zu Ehrsucht getrieben, sodass er Isolde als Braut für den König vorgeschlagen hat. Aber Melot sei zwielichtig, hege selbst Absichten auf Isolde und habe ihn nun auch vor dem König verraten.

Dann plötzlich springt er Melot an. Dieser reagiert schnell, indem er sein Schwert auf Tristan richtet. Tristan lässt sein eigenes fallen und wirft sich in Melots Waffe. Blutüberströmt sinkt er zusammen.

4.
Der qualvolle Weg
in das Schattenreich der Nacht

Kareol. Tristans Burg in der Bretagne.

Seit vielen Jahren steht sie verlassen. In den Fugen haben sich Pflanzen festgesetzt, Steine sind aus dem Mauerwerk gefallen. In das Dach ist ein mächtiger Ast gestürzt; die Bauern aus der Umgebung haben zwar versucht, das Gestrüpp zu entfernen und das Dach zu flicken, gaben es dann aber auf. Welchen Sinn hätten all zu große Mühen gehabt? Der kleine Landsitz wirkt noch ärmlicher und trostloser als damals, als ihn sein Herr verlassen hat, um am Hof des fernen Königs Ruhm und Ehre zu suchen.

Das Ziel, endlich in das dunkle Reich des Todes zu gelangen, hat Tristan abermals verfehlt. An Melots Waffe fügte er sich eine breite Wunde in der Lende zu. Sie brennt und eitert, erzeugt hohes Fiber, aber sie reicht nicht tief genug, als dass an ihr sein Leben hätte verlöschen können.

Kurwenal, der treue Diener, brachte ihn hierher. Nach den Vorkommnissen im Burggarten herrschte große Aufregung und völlige Ratlosigkeit. Niemand, am wenigsten König Marke, hatte eine konkrete Vorstellung, wie man verfahren sollte. Nach Lehnsrecht hätte der Lehnsherr Marke seinen Vasallen wegen Treuebruch hinrichten lassen können, doch dies wäre ihm unerträglich gewesen. Also schien es am sinnvollsten, wenn Tristan Kornwall verlässt.

Kaum in Kareol angelangt, verschlimmerte sich Tristans Zustand. Kurwenal erkannte bald, dass Tristan im Grunde an Isoldes Abwesenheit leidet und die Liebesbeziehung andauert. Mit Tristans Todeswunsch, wie er ihn kurz vor seiner mutwilligen Selbstverletzung angedeutet hat, weiß Kurwenal nichts anzufangen. Er hofft vielmehr auf Tristans Genesung. Unabdingbare Voraussetzung hierfür ist aber in

Kurwenals Augen das glückliche Wiedersehen mit Isolde! Kurwenal erinnerte sich überdies, dass Isolde den Herrn schon einmal von einer Todeskrankheit heilen konnte. Also schickte er eine Nachricht nach Kornwall zu einem vertrauenswürdigen Seemann. Er solle Isolde so bald wie möglich aus der Königsburg schleusen und nach Kareol bringen.

Dritter Aufzug

Leblos liegt Tristan auf einem Lager, im Schatten einer Linde inmitten des kleinen Hofes. Die Schmerzen und das Fieber haben so große Macht über ihn, dass er seit seiner Verwundung nicht mehr zu Bewusstsein gekommen ist. Kurwenal umsorgt den Kranken. Dabei wartet er unruhig auf das Schiff, das endlich am Horizont erscheinen müsste. Einen Hirten, der auf der abschüssigen Wiese vor der Burg seine Schafe hütet, hat er gebeten, das Meer zu beobachten. Mit einer heiteren Schalmeienweise soll er Nachricht geben. Doch die See ist leer, und der Hirt spielt ein melancholisches Lied.

Nach einiger Zeit unterbricht der Hirt sein Spiel und blickt über die Mauer. Er erkundigt sich, ob der Herr schon aufgewacht sei. Nein, antwortet Kurwenal, und das sei auch gut so, denn ohne Isolde, seine „Ärztin", wie er sich ausdrückt, würde er ohnehin sofort dahinscheiden. Der Hirt ist neugierig und möchte wissen, was es mit dem Leiden des Herrn auf sich hat. Doch Kurwenal ist nicht in der Stimmung, auf die Fragerei einzugehen. Er schickt den Hirten wieder auf seinen Wachposten. „Öd und leer das Meer!", seufzt dieser, während er in die Ferne späht. Dann zuckt er die Schultern und setzt sein trauriges Schalmeienspiel fort. Im ruhigen Takt seiner Musik tappt er davon.

Kurwenal hat den Klängen eine Weile zugehört. Um den fiebrigen Körper des Kranken ein wenig zu kühlen, taucht er schließlich ein Tuch in eine Wasserschale und legt es auf Tristans Stirn.

„Die alte Weise – was weckt sie mich!", flüstert plötzlich Tristan vor sich hin. Er kennt das Lied aus seiner Kinderzeit, hier auf Kareol. Dann öffnet er die Augen. „Wo bin ich?"

Kurwenal freut sich, dass Tristan fähig ist zu reagieren und zu sprechen. Offenbar hat er im Schlaf neue Kräfte gefunden! Rasch beantwortet er seine ersten Fragen, um ihm Orientierung zu geben: Er sei hier auf Kareol, der Burg seiner Väter. Und die Weise komme von einem Hirten, der seine Herde hütet. Ja, er sei in der Heimat! Mit aufmunternden Worten erinnert er daran, dass Tristan einst von hier fortzog, nach Kornwall, und nun mit dem Schiff zurückkam. Hier solle er wieder gesund werden. Wohlweislich, um ihn nicht unnötig aufzuwühlen, erwähnt er Isolde mit keinem Wort.

Tristan fällt es schwer, die Zusammenhänge herzustellen. Auch Kurwenals Zusprüche blieben ohne Wirkung. Er ist dumpf und schwermütig, und er hat einen gänzlich anderen Blick auf die Welt.

Tristans Fieberwahn Die Gedanken führen ihn zurück in die Atmosphäre seiner dunklen Ohnmacht. Ein wohliges Gefühl hat ihn dorthin getragen. Nichts sah er von der Sonne; nichts umgab ihn, als die bergende Finsternis, nach der er sich sehnt. „Ich war, wo ich von je gewesen, wohin auf je ich geh' im weiten Reich der Weltennacht."

Die Sehnsucht nach dem Tod beherrscht ihn weiterhin. Das Gefühl, bereits im Vorhof des Todes gewesen zu sein, hat diese Sehnsucht verstärkt. Wie sehr bedauert er, wieder ins Leben, in den Tag geholt worden zu sein. Hier besitzt er nur noch eins: seine heftige Liebe. Aber die Rückkehr in den Tag war notwendig, so erkennt er, denn Isolde ist ebenfalls noch auf dieser verlogenen Tagseite!

Kurwenal ist bestürzt. Wie sehr hat er gehofft, dass Tristan neuen Lebenswillen schöpfen konnte und nun seine vertrackte Situation mit Vernunft und Weitsicht ordnet. Doch nein, Tristan schwelgt in Todesgedanken!

Der Kranke gerät immer stärker in Bewegung, stemmt sich energisch auf, um seine Wut und Sehnsucht heraus zu schreien: Isolde noch im Reich der Sonne, während er schon gehört hat, wie hinter ihm das Tor des Todes ins Schloss gefallen ist! So weit war er bereits! Doch nun leide er dahin, verzehre sich in Sehnsucht! Er spüre schon, wie der Wahn abermals empor steigt! Dieser Trug, den er schon überwunden glaubte! Dann sieht er plötzlich die Fackel vor sich, die sogar nachts Isolde von ihm fernhielt. „Ach, Isolde, süße Holde", klagt er. „Wann endlich, wann, ach wann löschest du die Zünde, dass sie mein Glück mir künde? Das Licht – wann löscht es aus? Wann wird es Nacht im Haus?"

Die Kräfte verlassen ihn. Die Stimme versagt, und er fällt zurück auf sein Lager.

Nun erzählt Kurwenal, dass er nach Isolde geschickt hat. Wenn sie lebt und alles nach Plan verläuft, wird er sie womöglich heute noch sehen.

Düster redet Tristan vor sich hin: Noch immer brennt das Licht. Nahezu vorwurfsvoll fügt er hinzu: „Isolde lebt und wacht; sie rief mich aus der Nacht."

Kurwenal versucht, Tristan aufzurichten und weiter Hoffnungen zu wecken, indem er Isolde als ideale Ärztin für seine Verletzung bezeichnet. Und tatsächlich entfesselt das Sprechen über die Geliebte neue Energie. Erst jetzt scheint er die freudige Nachricht wahrgenommen zu haben. „Isolde kommt! Isolde naht!", ruft er außer sich. Dabei springt er empor, greift nach Kurwenal und schließt den „Treuen ohne Wanken", wie er ihn nennt, euphorisch in die Arme. Dann beginnt er, seine Loyalität zu preisen, so überschwänglich, dass er Kurwenals Besorgnis schürt. Alles habe Kurwenal mit ihm geteilt, so Tristan, nur eines könne er nicht: seine Leiden ebenfalls empfinden.

Damit sind seine Gedanken zu seinen Liebes- und To-
desqualen zurückgekehrt. Fiebrig beginnt sein Klagen erneut anzuschwellen, bis sich seine Sehnsucht schließlich in
einer Fantasie entlädt: Er sieht das Schiff, darauf Isolde, wie
es auf die Küste zusteuert. Wie besessen greift er ins Leere,
im Wahn, das Schiff heran zu holen. „Kurwenal, siehst du es
nicht?"

Tristan verstummt. Nein, er hat erkannt, die See ist
leer.

Kurwenal wünscht sich nichts sehnlicher als die Ankunft des Schiffes. Vordem gibt es keine Veränderung und
Entwicklung. Der Fieberkranke wird weiter in seinen Klagen
und Fantasien kreisen. Nur Isoldes Gegenwart kann daran
etwas ändern!

Der Hirt spielt das schwermütige Lied. Die Melodie
fängt Tristans überhitzte Gedanken ein. Sie hat für ihn eine
tiefere Bedeutung und bringt ihn daher auf die Spur seiner
Erinnerungen; noch weiter: in eine Vision von der Zeit vor
seiner Geburt. Ja, hier in dieser Vorwelt hat sein Leiden, hat
seine schier unstillbare Sehnsucht nach einem dunklen Ziel
ihren Anfang genommen. Das Fieber, das alle Hemmungen
und Rücksichtnahmen zurückdrängt, lässt ihn von Dingen
erzählen, die er noch nie über die Lippen gebracht hat, auch
gegenüber Kurwenal nicht:

Die Melodie habe er gehört, als er vom Tod seines Vaters erfuhr. Zu diesem Zeitpunkt existierte er noch im Mut-
terleib, denn sein Vater ist bald nach der Zeugung gestorben.
Er hat die Melodie abermals wahrgenommen, als die Mutter
das gleiche Schicksal traf. Sterbend gebar sie ihn. Die alte
Weise hat ihn schon damals gefragt, welches Schicksal er erfüllen muss. Doch inzwischen, nach all den Jahren und Ereignissen, liegt in ihrem Klang auch die Antwort: „Mich
sehnen – und sterben!"

Kurwenal hat durch diese Worte eine vage Ahnung von
dem erhalten, was Tristan wohl gemeint hatte, als er Isolde

kurz nach ihrer Entdeckung im Burggarten einlud, ihm in das Todesreich zu folgen, aus dem er geboren wurde. Doch Kurwenals Aufmerksamkeit wird rasch von neuer Sorge überdeckt, als sich Tristan heftig in einem weiteren wirren Ausbruch verliert.

In Tristans Kopf vermengen sich Eindrücke aus vergangenen Ereignissen zu einer konfusen Fantasie. In die Begebenheit, als er verletzt bei der irischen Königstochter lag, spiegelt er den kurzen Kampf mit Melot sowie das Trinken des Liebessaftes. An diesem Trank, der seinen Tod verhindert hat, erzündet sich erneut sein Hass auf den Tag und seine Sonne. Der Trank hat Schuld an seinem Leiden! Ja, er selbst habe ihn gebraut, behauptet er, er selbst sei Verursacher seiner Qual! Kraftlos schreit er heraus, was ihm der hitzige Wahnsinn eingibt: Er verflucht den Trank und den, der ihn gebraut hat! Schließlich verliert er die Besinnung und bricht zusammen.

Kurwenal bekommt Angst um seinen Herrn. Hat ihn ein entsetzlicher Zauber erfasst? Hat ihn die Liebe unheilbar in den Irrsinn getrieben? Da sich Tristan nicht bewegt, fürchtet er sogar, die Kräfte könnten ihn endgültig verlassen haben. Aber Tristan bewegt sich, öffnet ein wenig die Lippen und fragt nach dem Schiff. Kurwenal muss ihn weiter vertrösten: Gewiss, es wird noch heute kommen!

Tristans Existenz hängt einzig an dieser Hoffnung. Die wenigen Trostworte des Freundes reichen aus, neue Kräfte zu wecken. Tristan klammert sich an das Bild, wie Isolde auf dem Bug des Schiffes steht und winkt, während sie blumige Wellen zu ihm tragen. „Sie lächelt mir Trost und süße Ruh, sie führt mir letzte Labung zu."

Die Fantasie verdichtet sich unvermittelt zur konkreten Erwartung! Es ist, als habe er im Inneren ein Signal erhalten. Er befiehlt Kurwenal auf den Wachposten. Das Schiff muss zu sehen sein! Es muss!

Kurwenal müht sich, den Fieberkranken zu beruhigen. Er will ihn aufs Lager zwingen – doch plötzlich spielt der Hirt eine heitere Melodie! Es ist keine Täuschung! Als munterer Tanz springen die Töne frisch daher. Kräftig und übermütig. Tristan und Kurwenal horchen. Das Schiff! Der Hirt hat das Schiff gesehen! Isolde kommt! Tristan wird sofort von glücklicher Erregung erfasst. Er wusste, dass sie ihn hier nicht alleine dahinsterben lässt! Sofort läuft Kurwenal zum Aussichtspunkt. Ja, ein Schiff nähert sich aus dem Norden, aus Kornwall. Für Tristan wird es nun unerträglich schwer, die kurze Zeitspanne bis zur Landung zu ertragen. Das schier unendliche, trübsinnige Dahinwarten hat seine letzten Kräfte aufgezehrt. Euphorisch und ungeduldig zugleich schreit er seinen Jubel heraus und fordert Kurwenal unablässig auf zu beschreiben, was er erkennen kann.

Nahe am Ufer wird das Schiff kurzzeitig von einem Felsenriff verdeckt. Allein der Gedanke, das Schiff könnte am Felsen zerschellen, löst in Tristan panische Ängste aus. Doch kurze Zeit später ist es wieder sichtbar, und das Wiedersehen wird zur Gewissheit. Als Kurwenal endlich Isolde erkennt, die herauf zur Burganlage winkt, schickt Tristan seinen Gefährten aus, der Geliebten entgegen zu laufen.

Kurwenals Bitte, er solle in der Zwischenzeit das Lager nicht verlassen, bleibt ohne Folge. Tristan wälzt sich einige Male hin und her, leidet an den Qualen, die ihm die grelle Tagessonne verursacht, endlich springt er auf, um der mächtigen Energie, die sich in ihm sammelt, Raum zu verschaffen.

Jetzt, wo Isolde kommt, muss dieser Tageswelt jede Möglichkeit genommen werden, erneut ihre Schicksale zu bestimmen. Er will die erforderliche, unumkehrbare Tatsache schaffen, schließt es durch seinen Kopf. Isolde muss und wird seiner Vorgabe folgen! „Mit blutender Wunde bekämpft' ich einst Morolden, mit blutender Wunde erjag' ich mir heut Isolden!" In ekstatischem Taumel reißt er den Verband von der Wunde, so heftig, dass die frische Narbe aufplatzt. „Heia, mein Blut! Lustig nun fließe!" Dabei schwankt und tanzt er durch den Hof.

„Tristan! Geliebter!", ist plötzlich zu hören.

Der Todesrausch hat Tristan zu jenem Augenblick zurückgeführt, als er in Markes Burg auf das Verlöschen der Fackel warten musste. Damals ist seine Hoffnung, die erlösende Nachtwelt zu erreichen, nicht in Erfüllung gegangen. Nun wird er sein Ziel nicht verfehlen! „Die Leuchte, ha! Die Leuchte verlischt! zu ihr, zu ihr!"

Isolde erreicht mit Kurwenal den Hof. Tristan läuft ihr, blutüberströmt, entgegen und stürzt in ihre Arme. Das Paar ist vereint – in der verhassten Welt des Tages. Tristan flüstert: „Isolde", dann verlässt ihn die Kraft. Er stirbt. Der leblose Körper gleitet auf den Boden.

Isolde ist fassungslos. Zunächst kann sie nicht glauben, was geschehen ist. Ja, natürlich, sie kam hierher, um mit ihm zu sterben. Doch es befremdet sie, dass er nun vorausstarb. Sie wollte die Wunde heilen und anschließend mit ihm gemeinsam hinüber in das Schattenreich der Nacht treten. Wäre es denn nicht auch erstrebenswert gewesen, wenigstens eine Stunde hier auf dieser Erde im Glück zu verbringen? Wieso betrog sie Tristan um diese kurze Zeitspanne? Gerne hätte sie ihm von ihren Leiden erzählt. Machte er mit seiner Bedingungslosigkeit, mit seinem Trotz nicht jegliche Verankerung ihrer Liebe in der diesseitigen Welt unmöglich?

Sie kann sich die Dimension ihrer Liebe nicht erklären, kann nicht abschätzen, wie stark sein Tun vom bloßen Todeswunsch getrieben war, beziehungsweise, wie heftig er an der Unvereinbarkeit von Vasallentreue und Liebe litt.

Isolde hat sich zu ihm niedergekniet. Sie bittet ihn hilflos, ihre Klage anzuhören. Doch ihr Flehen wird leise, bis sie schließlich bewusstlos über Tristans Leiche sinkt.

Der Hirt klettert hastig über die Mauer. „Ein zweites Schiff", meldet er. Kurwenal hält Ausschau. Es ist Markes Schiff, und Melot ist mit an Bord. Das bedeutet Kampf! Kurwenal schickt den Hirten aus, Männer zusammen zu holen. Jeder wird zur Verteidigung der Burg gebraucht! Auch die Seeleute von Isoldes Schiff laufen in den unteren Bereich der Festung. Das Haupttor wird verriegelt.

Als das Schiff das Land erreicht, hört Kurwenal einen Ruf Brangänes. Sie sucht nach Isolde. Also hat sie die Flucht aufgedeckt und sich auf die Seite Markes geschlagen, mutmaßt Kurwenal. In seiner Hast und Wut verkennt er jedoch die Situation. Er missdeutet das eilige Heranrücken von Markes Ritter als Ansturm und greift Melot an. Im kurzen Zweikampf sticht Kurwenal seinen Gegner in die Seite. Mit den Worten „Weh mir, Tristan!" bricht Melot zusammen. Das klang, als habe er Tristans Verzeihung ersehnt!

Brangäne läuft hinzu. Verzweifelt versucht sie, Gehör zu erlangen, doch Kurwenal stößt sie zurück und befiehlt, auf Markes Truppen einzuschlagen.

Unterdessen kann Brangäne über eine Seitenmauer in den Innenhof gelangen. Dort findet sie Isolde, die nach wie vor über Tristans Leiche verharrt. „Glück und Heil!", ruft sie der Herrin zu, ohne zunächst sicher zu sein, ob sie noch lebt.

Die Schlacht entscheidet sich für Marke und sein Gefolge. Kurwenal taumelt schwer verwundet in den oberen Hof. Marke folgt ihm, auf der Suche nach Tristan. „Da liegt er", stöhnt Kurwenal. „Hier – wo ich – liege." Kraftlos sinkt er auf den Boden und ergreift eine Hand seines Herrn. „Schilt mich nicht, dass der Treue auch mit kommt." Er schließt die Augen und verstummt.

Der Kampf ist beendet. Erschöpft kommen die Krieger in den Innenhof. König Marke steht bei der Linde und betrachtet die Leichen von Tristan, Melot und Kurwenal. Er wendet sich an seinen Neffen, als gäbe es noch eine Möglichkeit, mit ihm zu sprechen. Doch der Schmerz lässt ihn keinen klaren Gedanken finden. Er bezeichnet Tristan als „treuesten Freund" und fleht ihn an, er solle erwachen.

Brangäne ist es inzwischen gelungen, Isolde zu beleben, sodass sie ansprechbar scheint. Die Dienerin hat Marke vom Liebestrank erzählt. Aus ihrer Sicht war dieser Zaubersaft der Ursprung des Gefühlsrausches und des Unglückes, das entstanden ist. Diese Darstellung genügte, König Marke von der Ehrenhaftigkeit Tristans zu überzeugen, weshalb er keinen Verrat mehr erkennen mochte. König Marke, so eröffnet Brangäne, sei gekommen, um den Knoten zu lösen, also Isolde und Tristan zusammen zu führen.

Auch der König wendet sich nun an Isolde, bestätigt, was die Dienerin gesagt hat. Aber die Ereignisse können nicht rückgängig gemacht werden, die Katastrophe ist geschehen.

Für Isolde und Tristan ist dies alles ohne Belang. Tristan ist in das Reich vorausgegangen, in dem er seine Heimat finden wollte. Isolde hat die Worte Brangänes und Markes lediglich als inhaltslose Laute wahrgenommen. Sie kennt nur ein einziges Ziel: Tristan zu folgen.

Sie hat sich vor Tristans Körper gekniet und versinkt in der Betrachtung seiner Gesichtszüge. Dort erkennt sie ein mildes Lächeln, und sie bemerkt, wie er die Augen öffnet. *Isoldes Liebestod* Sein Blick erreicht sie bereits aus jener Welt der Dunkelheit. Von deren Kraft angezogen erfindet sie sich eine Vision von Tristans weiterem Verhalten. Entrückt fragt sie zwar die Umstehenden, ob sie dies ebenfalls sehen, doch an einer Antwort ist sie gar nicht interessiert. Wie sollten andere Anteil nehmen können an diesem Gefühl, das in ihr aufkeimt, das sie in einen Rausch, in ein Delirium entführt? Um Tristan legt sich in ihrer Fantasie der Glanz des nächtlichen Sternenscheins. Seine Brust füllt sich mit neuer Energie. Und dann bewegt er die Lippen. Die wundervolle Weise, die er singt, beginnt als glückliche Klage, weitet sich zu einem tönenden Schwall und ergreift endlich voll und ganz von ihr Besitz. Wie soll sie sich in diesem Getöse verhalten? „Soll ich atmen, soll ich lauschen? Soll ich schlürfen, untertauchen? Süß in Düften mich verhauchen? In dem wogenden Schwall, in dem tönenden Schall, in des Welt-Atems wehendem All – ertrinken, versinken – unbewusst – höchste Lust!", flüstert sie in sich selbst hinein. Dann schmiegt sie sich an Tristan und wartet auf das Kommende.

Und schließlich, schließlich gelingt ihr der ersehnte Schritt hinüber in jene andere Welt.

Die Meistersinger von Nürnberg

1.
Ein leidenschaftlicher Ritter aus Franken

Walther von Stolzing, ein junger Ritter aus Franken, verließ die Burg seiner Ahnen. Wir wissen nicht genau warum, aber vermutlich langweilte ihn die Stille des abgelegenen Landsitzes. Das alte Adelsgeschlecht war nahezu ausgestorben und das höfische Leben glanzlos geworden. Das Ritterwesen hatte – in der Mitte des 16. Jahrhunderts – seinen Höhepunkt längst hinter sich gelassen. Damit waren auch die ritterlichen Sitten und Tugenden altmodisch geworden. Stattdessen entwickelte sich in den größeren Handelsstädten unter der Herrschaft reicher Patrizierfamilien bürgerliches Leben. Das Handwerk errang dank wichtiger Erfindungen ungeahnte Bedeutung. Meister wie Albrecht Dürer, Veit Stoß und Adam Kraft schufen Kunstwerke von hoher Qualität.

Der Weg führte Ritter Walther von Stolzing Richtung Nürnberg. Dies hatte zwei Gründe. Zum einen war Nürnberg im weiten Umkreis die größte Stadt. Sie stand in ihrer Blüte und schien für jeden, der das Leben seiner Zeit kennenlernen und genießen wollte, das Allermeiste zu bieten. Zum anderen war Walther der dort ansässige Goldschmied Veit Pogner als ehrenhafter Geschäftsmann empfohlen worden. Walther beabsichtigte nämlich, etwas Familienschmuck zu verkaufen.

Vor der Stadtmauer hielt er inne. Er wollte die alte Stadt mit ihrer mächtigen Kaiserburg und starken Wehranlage noch einmal aus der Distanz betrachten, bevor er sich in das vielfältige Treiben der Stadt und ihrer Bewohner einfädelte.

In welcher politischen Wetterlage befand sich Nürnberg? Durch Martin Luther war die Reformation in Gang gekommen, die sich inzwischen weit verbreitet hatte – auch bis hierher. Der habsburgische Kaiser Karl V., das Oberhaupt des „Heiligen Römischen Reiches deutscher Nationen", ging entschlossen gegen diese Bewegung vor. Überdies wollte er sich nicht mit der ererbten Größe seines Reiches abfinden. Seine Illusion, das gesamte Abendland beherrschen und gleichzeitig religiöse Einheit herstellen zu können, führte zu Kriegen gegen die Franzosen und Türken, die vor wenigen Jahren sogar bis Wien vorgedrungen waren. Hinzu kamen Unruhen innerhalb des Deutschen Reiches wie die Bauernkriege und Aufstände protestantischer Landesfürsten.

Was hatte sich hier in Nürnberg wohl bereits zugetragen? Welche Spuren hatte der Gang der Dinge in den Steinen und Herzen hinterlassen? Die Reformation mit ihren Disputen und Umwälzungen, die Kriege, die Pest, der Zerfall der mittelalterlichen Herrschaftsstruktur? Was würde diese Stadt noch erleben? Vom Dreißigjährigen Krieg, der in einigen Jahrzehnten über das Land ziehen sollte, konnte niemand etwas wissen. Erst recht nicht von den späteren Katastrophen.

Die Wärme, welche die Junisonne spendete, erzeugte den Eindruck von Friedlichkeit und Ruhe. Sie präsentierte Nürnberg als Ort, an dem seine Bürger Beständigkeit und Heimat gefunden hatten.

Eine Stadt, die diesen Eindruck vermittelt, wirkt einladend; doch wirklich zuhause wird sich nur derjenige fühlen, der hier auf gutem Niveau leben kann sowie Zuwendung und Achtung genießen darf. Für einen jungen Ritter, der aus einer fremden Gegend dort ankommt, mag sich diese Eigenschaft hingegen als erhebliche Hürde erweisen. Insbesondere, wenn er arglos und stürmisch in die Gesellschaft einbricht. Da stößt dann das Neue auf das Arrivierte, das vielleicht schon etwas Rost angesetzt hat. Noch ärger wird es, wenn das Neue die erstarrten Regeln und mühsam geschaffenen Reviere ignoriert.

Doch greifen wir der Geschichte nicht vor. Ritter Walther von Stolzing wird die unvermeidlichen Erfahrungen machen müssen.

Vorerst betrachtet er noch die imposante Kulisse der Stadt und hängt seinen Gedanken eine Weile nach. Dann endlich durchschreitet er selbstbewusst das Stadttor.

Walther hat eigentlich beschlossen, zunächst keine Verpflichtungen einzugehen und sich von niemand vereinnahmen zu lassen. Er möchte das Leben unbehelligt beobachten können. Erst wenn er sich den nötigen Überblick verschafft hat, will er sich in die Gesellschaft vortasten.

Doch sein Vorhaben scheitert rasch. Nachdem er den Goldschmied Veit Pogner angetroffen und mit ihm die Geschäfte glücklich ins Reine gebracht hat, findet er sich bei einer Einladung zum Abendessen wieder. Und ihm gegenüber sitzt die attraktive Tochter des Goldschmieds: Eva.

Man muss kein Prophet sein, um abzusehen, was passiert. Im Nu steht sein Herz in Flammen.

Eva scheint ebenfalls nicht unberührt. Sie spricht wenig, was an ihrer sittenstrengen Erziehung liegen mag, doch auffallend oft sucht sie Blickkontakt, um sich sogleich schüchtern abzuwenden.

So hat sich Walther seinen Einstieg nicht vorgestellt! Aber er ist kein Zauderer, der ein eindeutiges Gefühlssignal mit Denkkonstruktionen zu verdrängen sucht, um sich am Ende in einer ausweglosen Situation zu finden. Wenn er sich denn also in Eva verliebt hat, so ist das so! Und es gilt, das Beste daraus zu machen!

Da sich beim Abendessen keine Möglichkeit ergibt, alleine mit der hübschen Tochter zu sprechen, muss er sie anderswo wiedersehen. Seine Nachforschungen führen zum

Erster Aufzug

45

Erfolg: Tags darauf steht er bereits an einer Säule der Katharinenkirche. Vom Nachmittagsgottesdienst, der um ihn herum gefeiert wird, bekommt er denkbar wenig mit, denn seine Aufmerksamkeit gilt ausschließlich der letzten Bank – hier sitzt Eva, in Begleitung ihrer Amme Magdalene. Eva hat den schmucken Gast von gestern längst entdeckt. Sie geizt nicht mit verstohlenem Zulächeln.

Taufchoral
„Da zu dir der
Heiland kam"

Endlich, nach dem Choral „Da zu dir der Heiland kam", endet die Messfeier, und die Gemeinde strömt zum Tor hinaus. Walther muss nun rasch zu ihr, um sie im Gedränge nicht aus den Augen zu verlieren. Doch Eva bewegt sich nur sehr zögernd dem Ausgang entgegen – während sie erwartungsvoll nach Walther späht.

„Verweilt! – Ein Wort! Ein einzig Wort!" Walther tritt in ihren Weg.

Eva reagiert klug. Um mit ihm alleine sprechen zu können, schickt sie Magdalene mehrmals zurück in die Bank. Sie habe ihr Brusttuch, dann auch noch die Spange vergessen. Walther ist aufgeregt und macht viel zu große Worte, als dass er die entscheidende Frage ungestört loswerden könnte. „Seid Ihr schon Braut?", bringt er endlich hervor, aber da hat sich bereits Magdalene wieder zu Eva gesellt.

Die unverhüllte Frage versetzt die beiden Frauen in Aufregung. Eva ist hocherfreut und bedrückt zugleich, Magdalene plagt die Sorge, dass man bei den Kirchgängern Aufsehen erregen könnte. Ihr Versuch, das Gespräch auf unverfängliche Themen zu lenken, scheitert, als sich die Kirche gänzlich geleert hat. Walther will eine Antwort haben!

Also, eröffnet die Amme, Eva ist Braut!

Eva geht sofort dazwischen: „Doch hat noch keiner den Bräut'gam erschaut."

Den Bräutigam, so fährt Magdalene fort, wird man erst kennen, wenn ihn morgen nach einem Preissingen die Meistersinger bestimmt haben.

Walther bleibt das Wort „Meistersinger" im Hals stecken. Er hat von diesen „Meistersingern" bereits gehört. Das sind gesangesfreudige Bürger, die sich zu zunftartigen Vereinigungen zusammengeschlossen haben. Regelmäßig treffen sie sich, um ihr künstlerisches Wirken zu organisieren und den Mitbürgern ihre Gesänge vorzutragen. Sie können auf eine lange Tradition zurückblicken, denn sie sehen sich als Nachfolger der großen Minnesänger Wolfram von Eschenbach, Hartmann von Aue, Reinmar von Hagenau, Walther von der Vogelweide – um nur einige zu nennen. Walther kennt zwar ein paar Lieder dieser alten Minnesänger, aber er ist kein Meistersinger.

Und ist es wirklich so, dass der Sieger des Wettgesangs Eva zum Preis erhält?

Magdalene bestätigt dies. Veit Pogner will seine Tochter dafür stiften!

Da platzt es unvermittelt aus Eva: „Euch oder keinen!" Ja, beteuert sie weiter, sie trage schon längst Walthers Bild in ihrem Herzen. Genau so, wie Meister Albrecht Dürer den David im Kampf gegen Goliath malte, hat sie sich ihren Bräutigam gewünscht! Und Walther sei nun ganz eindeutig der Ersehnte!

So sehr Walter dieses Bekenntnis freut, so wenig kann es das entsetzliche Hindernis beseitigen! Eva soll morgen als Preis vergeben werden, und er ist kein Meistersinger! Wo sollte sich in dieser Lage ein Ausweg auftun?

Magdalene wird unterdessen von einem leibhaftigen David abgelenkt. Er ist der Lehrbube des Schuhmachermeisters Hans Sachs. Ungeachtet des größeren Altersunterschiedes sind sich die beiden liebevoll zugetan.

David hat ein langes Lineal und Kreide dabei. Er hat Wichtiges zu tun: Die Nürnberger Meistersinger treffen sich hier in Kürze, und dafür müssen einige Vorbereitungen getroffen werden. Doch Magdalenes Gegenwart macht es ihm schwer, bei der Sache zu bleiben.

Häufig veranstalten die Meistersinger im Anschluss an den Nachmittagsgottesdienst ihre sogenannte „Singschule", bei der die Meister ihre neuesten Schöpfungen öffentlich vortragen, erklärt David. Doch heute ist „Freiung". Anwärter dürfen also vorsingen und ihr Können zeigen. Bestehen sie, werden sie in den Meistersingerstand erhoben.

Als David dies erzählt, kommt Magdalene eine Idee: „Da wär' der Ritter am rechten Ort." Walther versteht nicht. Er plant vielmehr einen Besuch bei Meister Pogner, um diesen zum Umdenken zu bewegen. Doch Magdalene kennt ihren Herrn und weiß, dass er sein Angebot niemals zurücknehmen wird. Sie hält nur einen einzigen Weg für denkbar: Der Ritter muss bei David rasch die Kunst des Meistergesanges erlernen, dann soll er hier vorsingen, Meister werden und morgen Eva als Preis gewinnen.

Was sich Magdalene überlegt hat, ist natürlich Unfug. Sie weiß das auch. Die Lage des jungen Paares ist völlig aussichtslos, und sie kann daher dessen Bemühungen, einen Strohhalm zu finden, nicht ernst nehmen. Der weltfremde Ritter von Stolzing soll daher Eva das Los nicht noch schwerer machen, als es ohnehin schon ist, und so rasch wie möglich wieder aus ihrem Leben verschwinden. Magdalene ist im Moment nur eines wichtig: Eva soll nun endlich mit nach Hause kommen!

Aber Magdalene hat nicht mit der Hartnäckigkeit der Jungverliebten gerechnet. Die verabreden sich rasch zu einem Stelldichein am Abend, und Walther verkündet flammend, er werde sie als Meister ersingen!

Nachdem Magdalene den Ritter zu David geschoben hat, gelingt es ihr, Eva aus der Kirche zu drängen.

Doch David muss den Junker eine Weile warten lassen. Eine Horde Lehrbuben ist in die Kirche eingefallen, um bei den Vorbereitungen zu helfen. Sie sollen Tische, Stühle und Fahnen aus der Sakristei holen, Bänke verrücken und das sogenannte „Gemerk" aus Holzteilen zusammensetzen. Das „Gemerk" ist ein kleines Gehäuse mit Vorhang, in welchem der „Merker" den Gesangesvortrag verfolgt und bewertet. Um unbeeinflusst zu sein, zieht er sich in diese abgeschirmte Loge zurück.

Natürlich ist die ganze Schlepperei und Bastelei für die Buben nur Nebensache. Sie genießen es, unter sich zu sein und ungehindert ihre Späße treiben zu können.

Als die Arbeiten endlich in Gang kommen, kann sich David seinem Schüler widmen. David hat geahnt, dass ihm Magdalene etwas völlig Irrsinniges aufgebürdet hat. Obwohl ihn der größte Meister der Stadt, Hans Sachs, unterrichtet, und obwohl er mit enormem Fleiß seine Lektionen lernt, ist er selbst noch weit entfernt vom Meistersingertitel. Wie soll er da Walther in wenigen Augenblicken auf dieses Niveau bringen? Noch aberwitziger zeigt sich das Unternehmen für David, als er Walthers Vorkenntnisse abfragt: Er stößt auf absolutes Nichtwissen!

„Und so gradhin wollt Ihr Meister werden?", stöhnt er entsetzt und ratlos.

Walther merkt nun selbst, als ihm David seine Mühen und kläglichen Erfolge schildert, dass seine Ausgangslage nicht die beste ist. Aber es gibt nur eine Richtung, und David ist gottlob ein gewitzter, gutmütiger Kerl, der sich zur Abwechslung gerne mal in der Rolle des Lehrers und Ratgebers sieht.

Also beginnt David mit den Grundlagen: Ein Meisterlied beginnt mit einem „Stollen", der aus mehreren Versen besteht. Darauf folgt ein zweiter Stollen, der nach der selben Melodie zu singen ist. Beide zusammen heißen sie „Gesätz". Nach dem Gesätz kommt der „Abgesang", der eine eigene Melodie haben muss. Er darf keinen Vers enthalten, der bereits im Gesätz vorgekommen ist. Die Folge aus Gesätz und Abgesang nennt man „Bar". Mehrere solche Bare ergeben dann ein Meisterlied.

Wer dies beachtet, ist noch längst kein Meistersinger! Er muss zudem die „Weisen" kennen, also die Melodien, nach denen die Texte vorgetragen werden. Meistersinger komponieren nämlich nur sehr selten eigene Weisen, sie benutzen vornehmlich Althergebrachtes. Eine neue Weise ist etwas ganz Besonderes!

Überliefert werden die Melodien zusammen mit ihren individuellen Namen. Sie heißen zum Beispiel „Schreibpapierweis'", „Frisch'-Pomeranzen-Weis'", der „Kurze-Liebe-Ton", „Schneckenton-" oder „Buttglänzende-Draht-Weis'". Die Liste, die David aufsagt, ist lang.

„Hilf Himmel! Welch endlos Tönegeleis'!", ruft Walther, als müsse er sich dagegen zur Wehr setzen.

„Das sind nur die Namen: nun lernt sie singen, recht, wie die Meister sie gestellt!", erwidert David, worauf er ausführlich erläutert, was man beim Singen alles zu beachten hat, damit ein Vortrag gelingt und für gut befunden wird. Ihm, so klagt er am Ende, habe der Meister bislang immer nur die „Knieriem-Schlag-Weis'" gesungen. Ja, das Regelwerk der Meistersinger ist dicht geflochten. Und es herrschen strenge Sitten, die man zu spüren bekommt, wenn man die Vorgaben nicht einhält. Er rät Walther daher: „Lasst vom Meister-Wahn!"

Wenn er „Singer" sei, so fährt David im Unterricht fort, wenn er also eine Weise regelgerecht vortragen könne, müsse er noch das Handwerk des „Dichters" erlernen, um im Stande zu sein, selbst ein Lied zu reimen. „Meistersinger" aber dürfe sich schließlich nur derjenige nennen, der einen eigenen Text mit einer eigenen Melodie zum Besten geben kann, der also eine neue Weise geschaffen hat.

Oh, Herrgott! David rauft sich die Haare! Die Lehrbuben haben alles falsch gemacht! Heute ist keine Singschule, heute ist Freiung! Also ist das Gemerk viel zu groß gebaut. Und außerdem fehlt der Singstuhl, auf dem der Anwärter Platz nehmen muss!

David treibt seine Kameraden an, die Aufstellung in Ordnung zu bringen.

Wer sich als Besserwisser aufspielt, wird natürlich gehänselt: „'s ist Freiung heut; gewiss er freit, als vornehmer ‚Singer' er schon sich spreizt! Doch die ‚harte-Tritt-Weis', die kennt er am best'."

David zeigt auf Walther. Für diesen hier sollen sie das Gemerk aufbauen! Dann wendet er sich wieder zu Walther.

David muss noch erklären, was es mit dem Merker auf sich hat: „Sieben Fehler gibt er Euch vor, die merkt er mit Kreide dort an; wer über sieben Fehler verlor, hat versungen und ganz vertan!"

Damit ist der Unterricht beendet. Ob er etwas gebracht hat, wird sich zeigen. David bleibt nur, dem Herrn Ritter viel Glück zu wünschen.

Alles ist nun richtig aufgebaut, und auch die Ausgelassenheit der Lehrbuben hat ihren Höhepunkt erreicht. Sie tanzen und springen wild durch die Kirche und singen dabei spöttisch: „Das Blumenkränzlein aus Seiden fein, wird das dem Herrn Ritter beschieden sein?"

Plötzlich laufen sie auseinander. Die Tür zur Sakristei ist aufgegangen und zwei Meister sind eingetreten: der Goldschmied Veit Pogner sowie Sixtus Beckmesser.

Sixtus Beckmesser ist einer der versiertesten Meistersinger. Zudem bekleidet er das hochangesehene Amt des Stadtschreibers der Stadt Nürnberg.

Er hat von Pogners Vorhaben, Eva als Preis auszusetzen, bereits erfahren. Zwar ist er schon etwas angegraut, doch an einer Heirat lebhaft interessiert. Da er unter den unverheirateten Meistersingern einer der besten ist, hegt er eine große Hoffnung auf den Sieg.

Veit Pogner seinerseits schätzt Sixtus Beckmesser als ehrenwerten Mann. Doch kaum hatte er den Plan gefasst und im Herrn Stadtschreiber seinen möglichen Schwiegersohn gesehen, überfiel ihn die Angst, er könnte sein Evchen ins Unglück stürzen. Der Junggeselle ist zwar eine ansehnliche Erscheinung, aber als recht unangenehmer Pedant verschrien. So versah Pogner sein Angebot mit der Klausel, dass Eva auch Nein sagen dürfe; dann allerdings auf ewig unverheiratet bleiben müsse.

Diese Klausel wiederum verursacht Meister Beckmesser arge Magenschmerzen. In seinem Junggesellenleben hat er manche Liebesenttäuschung einstecken müssen. Umso entsetzlicher ist ihm die Vorstellung, als Persönlichkeit von Rang und Namen öffentlich abgewiesen zu werden. Was wäre das für eine Blamage!

Die Angst hat bereits hysterische Züge angenommen, sodass er inzwischen sogar mit dem Gedanken spielt, sein Lied nachts vor Evas Fenster zu singen – im irrigen Glauben, dadurch vorab eine Zusage zu bekommen.

Das Gespräch, das die beiden Meister beim Eintreten führen, kreist um Beckmessers Bedenken. Er muss seine Lage verbessern, also will er seinen potentiellen Schwiegervater zu einer Rücknahme der Klausel bewegen. Da Pogner nicht darauf eingeht, soll er wenigstens Eva gut zureden. Das will Pogner gerne tun.

Dann aber werden sie von Walther unterbrochen. Pogner freut sich aufrichtig, als er den angenehmen Geschäftspartner wiedersieht, Beckmesser zieht sich in den Hintergrund zurück, weil er glaubt, das Treffen der beiden gehe ihn nichts an.

Ja, Pogner ist dem jungen Ritter wirklich sehr zugetan, und er hört aufmerksam, was er vorträgt: „Was mich nach Nürnberg trieb, war nur zur Kunst die Lieb'. Vergaß ich gestern euch zu sagen, heut muss ich's laut zu künden wagen: ein Meistersinger möchte ich sein."

Wir wissen, dass die Begründung, warum er nach Nürnberg kam, geschwindelt ist. Aber Pogner glaubt sie gerne. Den übrigen Meistern, die nach und nach eintreten, schlägt er gleich vor, der Herr Ritter solle heute bei der

Freiung vorsingen. Man zeigt sich offen und interessiert.
Nur Sixtus Beckmesser ist argwöhnisch geworden. Dass sich
Veit Pogner und dieser Junker so gut leiden mögen, kommt
ihm verdächtig vor! Am Ende wünscht sich Pogner diesen
Kerl zum Schwiegersohn!

Walther muss sich gedulden. Das Protokoll der Meistersinger gebietet es, zunächst die Vollzähligkeit der Meister
zu prüfen und jeden willkommen zu heißen. Fritz Kothner,
der Vorsitzende, hat eine Liste ausgerollt und liest die Namen vor. Die Meister melden ihre Anwesenheit und setzen
sich dann auf ihre Stammplätze. Alle sind sie der Einladung
zur Freiung und Zunftberatung gefolgt, nur Nikolaus Vogel
fehlt. Aus den hinteren Bänken, die sich mit den Lehrbuben
gefüllt haben, tritt ein Junge. Er entschuldigt seinen Meister,
er sei krank. Als Fritz Kothner Hans Sachs aufruft, will sich
David etwas hervortun und ruft: „Da steht er!" Sachs ist ein
warmherziger, aber strenger Lehrherr, und so weist er seinen
Lehrling harsch zurecht.

Fritz Kothner fährt fort im Protokoll. Er erinnert daran, dass es mal wieder an der Zeit sei, das Amt des Merkers
neu zu besetzen. Heute wäre Zeit für eine Wahl. Beckmesser, der derzeitige Merker, ist inzwischen sehr übel gelaunt.
Er fühlt sich daher in Anbetracht dieses Vorschlages kriti-
siert und will sein Amt unverzüglich zur Verfügung stellen.

Pogner hat sich erhoben, beruhigt die Gemüter und bittet ums Wort.

Was er sagen will, betrifft natürlich das Wettsingen, das
morgen, am Johannistag, vor den Toren Nürnbergs stattfinden wird. Was sich gerüchteweise schon verbreitet hat, verkündet er nun offiziell: Der Sieger soll Eva zum Preis erhalten. Er möchte seinen Entschluss gerne erläutern: Bei seinen
Reisen durch die deutschen Lande musste er feststellen, dass
man den Bürger wenig achtet. Er steht sowohl an den Höfen
als auch beim Volk in Verruf, sich einzig für Schacherei und
Geld zu interessieren. Es werde nicht wahrgenommen, so

klagt Pogner, dass der Bürger weit und breit der Einzige sei, der die Kunst pflegt. Über Ländergrenzen hinweg und durch die Wirren der Zeit seien dadurch wichtige Kulturgüter vor dem Verfall bewahrt worden. „Was wert die Kunst und was sie gilt, das war ich der Welt zu zeigen gewillt", erklärt er in feierlichem Ton. Darum gebe er dem Sieger das Wertvollste, was er geben könne, „Eva, mein einzig Kind, zur Eh'."

Während Walther am Rande der Versammlung verständnislos und bedrückt den Kopf schüttelt, löst die Rede bei den Meistern große Bewegung und Begeisterung aus. Kunz Vogelgesang ruft: „Wer möchte da nicht ledig sein?"

Pogner bittet nochmals um Aufmerksamkeit, um seine Einschränkung hinzu zu fügen: Die Meister küren den Sieger, doch, wenn eine Ehe geschlossen werden soll, muss die Braut zustimmen.

Pogner mag geglaubt haben, sein Angebot mit einer unproblematischen Regelung versehen zu haben, tatsächlich aber steckt darin ein dickes Fass, randvoll gefüllt mit Schwarzpulver: Die Meister küren den Sieger, aber ein junges Mädchen soll mitreden dürfen! Die Worte Pogners haben daher eine heftige Diskussion zur Folge, die Meister malen Schreckgespenster in die Luft. Am schärfsten reagiert natürlich Beckmesser: „Lasst's gleich wählen nach Herzens Ziel und lasst den Meistergesang aus dem Spiel!"

Auch Pogners Beteuerung, dass Eva im Falle einer Ablehnung unverheiratet bleiben muss, kühlt die Köpfe der Meister nicht.

Die Diskussion hat die Fantasie von Hans Sachs angeregt.

Der Schuhmacher und Poet, Witwer und gut fünfzig Jahre alt, hat bereits eine ungeheure Zahl an Meistergesängen verfasst, aber auch Spruchgedichte, Fastnachtspiele und Komödien. Seine Kunst reicht so weit, dass sie sowohl den hohen Ansprüchen der Meistersinger genügt als auch die Herzen der breiten Bevölkerung Nürnbergs bewegt. Von den einen wird er geachtet, von den anderen geliebt. Und in dieser herausgehobenen Stellung darf er so manche unkonventionelle Idee entwickeln und aussprechen.

Er bezweifelt, dass sich das Urteil der Meistersinger und der Herzenswunsch eines Mädchens unter einen Hut bringen lassen. Warum dann nicht gleich eine Ausnahme machen? Dem Regelwerk der Meistersingerzunft würde es gewiss nicht schaden, wenn man es einmal im Jahr auf den Prüfstand des Volkes stellt. Nur so könne man gewährleisten, dass es frisch und lebensnah bleibt. Volk und Kunst müssen eine Einheit bilden! Folglich solle das Volk den Sieger bestimmen – und dessen Meinung sei sicherlich identisch mit dem Herzenswunsch Evas.

Wilder Applaus kommt von den Lehrbuben. Nicht etwa, weil sie das Gesagte besonders gut finden, sondern, weil sie sich nun einen turbulenten Streit erhoffen.

Tatsächlich sind die Meister entsetzt! „Das Volk? Ja, das wär schön! Ade dann Kunst und Meistertön'!" Einheit von Volk und Kunst gerne, aber nur, wenn es nach ihren Regeln geht!

Veit Pogner greift ein: „Freund Sachs, was ich mein, ist schon neu: zuviel auf einmal brächte Reu'!"

Nachdem die Meister den extremen Vorschlag von Sachs gehört haben, können sie nun der gemäßigten Regelung von Pogner zustimmen. Eva soll ablehnen dürfen. Auch Sachs zeigt sich mit diesem Kompromiss einverstanden.

Nur Beckmesser kann es nicht lassen, in diesem Thema herum zu stochern. Die Volksfreundlichkeit von Hans Sachs geht ihm schon lange gegen den Strich. Ob er als Witwer denn nicht als Werber auftreten möchte, provoziert er Sachs.

Sachs entgegnet ruhig: „Nicht doch, Herr Merker! Aus jüngrem Wachs als ich und Ihr muss der Freier sein, soll Evchen ihm den Preis verleihn."

„Als wie auch ich?"

Kothner ruft zur Tagesordnung und erinnert an die Freiung.

Pogner spricht: Er verwende sich für Junker Walther von Stolzing, der heute den Meistersingertitel erringen wolle. Dann bittet er den Anwärter, sich vorzustellen. Walthers Auftritt ist tadellos. Er zeigt seine ritterliche, höfische Erziehung und verneigt sich ehrerbietig und selbstbewusst zugleich vor den Zunftmitgliedern.

Den Meistern ist heute schon viel Neues und Ungewohntes begegnet. Dieser Fall ist eine weitere Herausforderung! Jahrelang geht alles seinen ordentlichen Gang, alles brav nach den Gesetzen, und dann folgt Revolution auf Revolution. Das ist schon eine eigenartige Geschichte: So knapp vor einem Wettsingen will ein völlig Unbekannter zum Meister ernannt werden! Doch immerhin ist er ein Ritter und wird von Veit Pogner protegiert.

Beckmesser sieht seine ärgste Befürchtung bestätigt: Pogner will diesen Ritter zum Schwiegersohn! „Neu Junker-Unkraut! Tut nicht gut!", flucht er.

Die erste Frage, ob er „frei und ehrlich" geboren wurde, beantwortet Pogner. Er hat bei ihren Geschäften Urkunden eingesehen und kann daher für ihn bürgen.

„Hier fragt sich's nach der Kunst allein, wer will ein Meistersinger sein", wirft Hans Sachs dazwischen. Dass der Meistersingerstand nicht an einen gesellschaftlichen Rang gebunden ist, hat der Volksfreund schon vor einiger Zeit durchgesetzt.

So fragt Kothner denn als Zweites nach Walthers Lehrmeister. Da müssen die Meister eine weitere Überraschung hören: Natürlich hat Walther keinen wirklichen Lehrmeister, er kannte die Meistersinger ja bis vor kurzem nur vom Hörensagen. Aber er setzt das, was er begonnen hat, konsequent und tapfer fort: An stillen Winterabenden auf seiner Burg habe er gerne in einem alten Buch von Walther von der Vogelweide gelesen. Der war sein Lehrmeister!

„Am stillen Herd in Winterszeit"

56

Nun, Walther von der Vogelweide ist seit gut dreihundert Jahren tot. Die Meister sind zwar schockiert, bewahren aber Haltung. Ratlos schauen sie sich an und versuchen, die geifernden Bemerkungen Beckmessers zu überhören. „Mich dünkt, der Junker ist fehl am Ort", urteilt schließlich Kothner.

Doch wieder ist es Hans Sachs, der mit einer unverstellten Überlegung aufwartet: Wenn er die Kunst beherrscht, ist es letztlich unwichtig, wer sein Lehrmeister war.

Also gut! Kothner bittet Beckmesser in das Gemerk. Mit den übelsten Vorsätzen macht sich dieser auf den Weg. Höhnisch stellt er sich im Vorbeigehen dem Junker vor, erinnert daran, dass er ihm die obligatorischen sieben Fehler nachsehen werde. Doch „wenn er über sieben Fehler verlor, dann versang der Herr Rittersmann." Mit süffisantem Lächeln überlässt er ihn dem göttlichen Beistand und verschwindet hinter dem Vorhang.

„Wählt der Herr einen heil'gen Stoff?", will Kothner von Walther noch wissen.

Es gehe um die Liebe, die sei ihm heilig.

Das sei dann ein weltlicher Stoff, entscheidet Kothner.

Das Protokoll gibt vor, dass der Vorsitzende dem Anwärter nun das Regelwerk der Meistersinger vorträgt. Dieses steht auf einer mächtigen Tafel, die Tabulatur, die für alle lesbar an der Kirchenwand ausgehängt ist. Zwei Lehrbuben haben das schwere Stück abgenommen und vor Kothner getragen.

Der Aufbau eines Meisterliedes, so wie er hier mit würdevollen Worten erklärt wird, ist das Herz der Meistersingerkunst. Seit schier unendlich vielen Jahren bestimmt er das Wirken der Zunftmitglieder, ihr Bemühen, ja, ihr Leben. Die Verlesung gleicht daher einer heiligen Handlung. Tief bewegt trifft Fritz Kothner den angemessenen Ton.

Die „Leges Tabulaturae" schließt mit der Anforderung, die ein Anwärter zu erfüllen hat: Er muss ein neues Lied vortragen, das über vier Silben hinweg keine andere Meisterweise wiederholt, also eine eigene Weis' komponieren. Andächtig hat die Zunftgemeinde das Zeremoniell verfolgt. Dann wendet man sich Walther zu. Entgegen seinem Wunsch muss er das Lied im Sitzen singen – die Regel verlangt es so. Als er endlich platzgenommen hat, wird es still.

Leise spricht er sich Mut zu: „Für dich, Geliebte, sei's getan!"

Beckmessers Stimme ertönt aus dem Gemerk: „Fanget an!"

Was soll er singen? Walther hat allenfalls eine blasse Ahnung von dem, was hier von ihm erwartet wird. Und doch rumort in seinem Inneren der lebendige Wille, die Farbigkeit seiner Fantasie in Worte und Musik zu kleiden. Egal wie diese Leute um ihn herum urteilen mögen, er muss das, was durch seine Seele und seinen Kopf wandert, nach außen kehren.

„Fanget an!"   Er beginnt mit einer beliebigen Äußerung, schlicht mit dem, was er zuletzt gehört hat: „Fanget an!" So habe der Lenz in den Wald gerufen! Darauf beschreibt er in schwärmerischem Gestus, wie sich der Hall des Rufes verliert und stattdessen ein jubelndes Getöse anschwillt. Der Wald beginnt daraufhin mit einem „Lenzeslied".

Das war schön und weit geschwungen, ein Rausch herrlicher Laute. Doch gemessen an der Tabulatur eine Katastrophe!

Beckmesser freut sich in seinem Gemerk, seufzt theatralisch, als habe er große Qualen ertragen müssen, und kratzt so laut wie möglich dicke Striche auf seine Tafel.

Walther registriert, dass sein Auftritt ein Debakel zu werden droht, aber er macht unbeirrt weiter. Er erzählt vom Winter, der sich noch in einer Dornenhecke versteckt hält und überlegt, wie er das Frühlingslied bekämpfen könnte. Als der Wald den Ruf des Lenzes empfangen hat, wurde das

Herz des Sängers von der Liebe getroffen, und das neue Gefühl in seiner Brust antwortet nun mit einem Liebeslied.

Ausgerechnet jetzt, da Walther richtig in Stimmung und Fluss gekommen ist, hüpft Beckmesser aus dem Gemerk und hält die Tafel in die Höhe. Sie ist mit Kreidestrichen übersät. „Singt, wo Ihr wollt! Hier habt ihr vertan", schreit er.

Walther will weitersingen und fordert die Meister auf, gegen Beckmesser vorzugehen. Pogner gibt Walther Beistand und beschuldigt Beckmesser: „Ihr seid gereizt!" Das bringt diesen aber erst recht in Rage! Er könne beweisen, dass das Fehlermaß voll ist – wenn es auch eine mühsame Arbeit werden wird! Die übrigen Meister pflichten dem Merker bei: „Man ward nicht klug!" – „Wer nennt das Gesang?" – „Auch gar nichts dahinter!" Und zu allem Überfluss sei Walther noch vom Singstuhl gesprungen!

Hans Sachs hat dem Disput schon eine ganze Weile zugehört, als er sich einschaltet. Er kann die Meinung der Kollegen nicht teilen: „Des Ritters Lied und Weise, sie fand ich neu, doch nicht verwirrt; verließ er unsre Gleise, schritt er doch fest und unbeirrt. Wollt Ihr nach Regeln messen, was nicht nach Eurer Regeln Lauf, der eignen Spur vergessen, sucht davon erst die Regeln auf!"

Das ist ja die Höhe! „Den Stümpern öffnet Sachs ein Loch", bemerkt Beckmesser spitz. Er erinnert daran, dass hier nach den Regeln beurteilt wird! Man sei nicht auf der Gasse!

Sachs fordert, man müsse den Junker zu Ende singen lassen.

Da Beckmesser weiter gegen Sachs eifert und dessen Regelfeindlichkeit anprangert, schießt Sachs mit einem Zitat zurück: „Der Merker werde so bestellt, dass weder Hass noch Lieben das Urteil trüben, das er fällt!" Von Unbefangenheit könne nämlich keine Rede sein, wenn der Merker selbst auf Freiersfüßen gehe! Da sei es nicht verwunderlich, wenn er seinen Nebenbuhler bloßstellen wolle.

Da hat Sachs Öl ins Feuer gegossen! Beckmesser fühlt sich durchschaut und angegriffen. Walther hingegen hat verstanden, welches Spiel Beckmesser hier treibt. Pogner und Kothner versuchen, die Streithähne zu beruhigen, aber dafür sind die Gemüter zu stark erhitzt.

„Ei, was kümmert's doch Meister Sachsen, auf was für Füßen ich geh?" Seit sich sein Schuhmacher als großer Poet gebärde, stehe es übel um sein Schuhwerk! Dabei zerrt Beckmesser hektisch seine Schuhe von den Füßen und wirft sie vor Sachs. „Da seht, wie's schlappt und überall klappt!"

Walther ist das alles zu dumm geworden. Er geht trotzig daran, seinen Vortrag fortzusetzen. „Genug!", schreien einige, doch er schert sich nicht darum. Vielmehr verspürt er eine zornige Lust, das Gezänk der Meister und ihre Engstirnigkeit in sein Lied zu stricken. Zunächst greift er das Bild vom Winter in der Dornenhecke auf. In dem Gestrüpp kreischen Elstern, Krähen und Dohlen. Dann aber – während im Hintergrund die Meister aufgebracht diskutieren, die Lehrbuben grölen und Beckmesser die vermerkten Fehler aufzählt – beschreibt er einen wunderbaren Vogel, der mit seinem goldenen Flügelpaar aufschwebt. Die Not hat ihm diese Flügel wachsen lassen, und in seinem Herzen sitzt ein süßer Schmerz. Er erhebt sich über Meisterkrähen und enge Gassen und erreicht schließlich den himmlischen Hügel, auf dem ihn einst Walther von der Vogelweide inspiriert hat. „Da sing ich hell und hehr der liebsten Frauen Ehr' das stolze Minnelied."

Das Lied ist zu Ende, er verabschiedet sich kurz, zeigt dabei mit stolzem Blick, wie sehr ihm diese Herren zuwider geworden sind, und geht rasch davon.

Beckmesser hat währenddessen eine kleine Abstimmung organisiert. Das einhellige Urteil lautet: „Versungen und vertan!" Das rufen sie dem eingebildeten Junker hinterher.

Nur Pogner und Sachs haben nicht votiert. Pogner, weil ihm Beckmesser heute als Schwiegersohn noch ein Stück unerwünschter geworden ist, Sachs, weil ihn das Lied auf unerklärliche Weise berührt hat.

Während die anderen, noch in aufgewühlter Stimmung diskutierend, schimpfend und lachend, die Kirche verlassen, bleibt Sachs zurück.

Wüsste er doch, wie er mit diesem Vortrag umgehen soll!

Sein Blick fällt auf die Tabulatur, dann auf Beckmessers Merkertafel und den leeren Singstuhl. Die Aufregung der Meister hat ihn amüsiert. Er lächelt verschmitzt. Die Geschichte ist damit noch nicht zu Ende, denkt er, auch wenn das manche gerne hätten.

Die Lehrbuben beginnen mit dem Abbau, und Sachs ist im Weg. Also packt er Beckmessers Schuhe, die noch vor ihm liegen, und geht davon.

2.
In den Fängen der Meistersinger

An einem 23. Juni, der Tag vor dem Johannistag, bricht der Abend lange nicht herein. Unerträglich lange, wenn man darauf zufiebert, einer vertrackten Geschichte endlich einen Stoß versetzen zu können, um sie auf einen besseren Weg zu bringen.

Aus dem zornigen Stolz, mit dem Walther die Katharinenkirche verlassen hat, war nach wenigen Metern Verzweiflung und Ratlosigkeit geworden. Er lief in sein Quartier, warf sich auf das Bett und brütete vor sich hin. Die Namen, mit denen er die Herren von der Zunft bedachte, bleiben besser ungenannt. Doch Flüche und Klagen helfen nicht weiter! Walther wälzte sich einige Male von einer zur anderen Seite, dann stand klar vor seinen Augen, was sich als einziger Ausweg bot. Abends, wenn er Eva heimlich treffen wollte, musste es in die Tat umgesetzt werden. Bis dahin hieß es warten, die Zeit totschlagen.

Nicht viel anders ging es Eva. Der Vater war nach der Sitzung lange nicht nach Hause gekommen, sodass sie nichts über den Verlauf der Freiung in Erfahrung bringen konnte. Sie bat Magdalene, gleich auf der anderen Gassenseite bei David nachzufragen. Aber dieser hatte in der Schusterwerkstatt zu arbeiten und durfte nicht gestört werden. Dann, als es endlich auf den Feierabend zuging, die Abenddämmerung begann und Walther jeden Moment auftauchen konnte, kam der Vater heim und wollte mit ihr einen Spaziergang machen! Was blieb ihr anderes übrig, als mitzugehen? An jeder Hausecke wollte sie den Rückweg einschlagen, aber der Vater, an dessen Arm sie brav hing, zog sie in eine immer weitere Runde. Für eine Auskunft war er nicht zu gebrauchen. Er sprach kaum ein Wort, geschweige denn ein aufschlussreiches.

Der Einzige, der in den späten Nachmittagsstunden etwas voranbringen konnte, war Sixtus Beckmesser. Die Angst vor einer öffentlichen Blamage trieb ihn weiter um. Dass Walther, der vermutete Nebenbuhler, durchgefallen war, beruhigte ihn nur wenig. Denn, so überlegte er, sollte sich der Junker einen Platz in Evas Herz erschlichen haben, war die Gefahr nun umso größer, dass sie sein Werben als Meistersinger abweisen würde. Er musste folglich vorab ihr Herz erobern, also seinen Plan mit dem nächtlichen Ständchen weiter verfolgen.

Als Magdalene gerade auf der Suche nach David um das Haus von Hans Sachs schlich, stand plötzlich Beckmesser vor ihr. Er trug ihr auf, Eva seine Serenade anzukündigen, damit sie sich zur rechten Zeit am Fenster zeigen könne. Dann lief er hastig davon.

Endlich ist David mit seiner Arbeit fertig. Kaum tritt er auf die Gasse, um die Fensterläden zu schließen, da kommt auch schon Magdalene. Lehrbuben aus der Nachbarschaft haben natürlich nichts Besseres zu tun, als David wegen seiner Liebelei mit Magdalene zu hänseln. Magdalene hat einen Korb mit feinen Leckereien mitgebracht. Doch den gibt es nur, wenn David mit Nachrichten über den Ritter aufwarten kann. „Da steht's bitter", kann er nur sagen, „der hat versungen und ganz vertan!"

In Anbetracht von Evas Liebesleid ist Magdalene inzwischen selbst zu der Auffassung gekommen, dass für Eva einzig der schmucke Junker als Ehemann in Frage kommt. Dementsprechend harsch reagiert sie gegenüber David – als ob er etwas dafür könnte! Dann gibt es natürlich nichts zum Naschen! Sie zieht den Korb zurück und läuft hinüber in Pogners Haus.

Die Nachbarslehrbuben gratulieren David mit Spott und Gelächter. David habe erfolgreich gefreit, denn die Geliebte habe ihm keinen Korb gegeben!

David will auf sie losgehen, da steht plötzlich Hans Sachs auf der Gasse. Sofort laufen die Nachbarn davon, und David versucht, fleißig zu wirken. Der Meister ist seit der heuten Sitzung schlecht auf David zu sprechen, weil er beim Begrüßungszeremoniell vorlaut gerufen hatte: „Da steht er!" Meister Sachs will einen artigen Lehrbuben und keinen Wichtigtuer!

Er gibt nur knappe Anweisungen: Er solle noch Beckmessers Schuhe auf den Leisten ziehen und Licht machen. Singunterricht gebe es zur Strafe keinen mehr.

David ist reumütig und geht ohne Widerspruch ins Haus. Sachs folgt ihm.

Nach einiger Zeit kommen endlich Veit Pogner und Eva vom Abendspaziergang zurück. Als Pogner Licht im Hause Sachs brennen sieht, will er bei ihm eintreten. Gerne spräche er ein wenig mit seinem vertrauten Freund, in der Hoffnung, dabei etwas Ordnung in seine Gedanken zu bringen. Doch die Situation ist seit der Versammlung kompliziert, vielleicht sogar schwierig. Wie ernst war es Sachs mit dem Vorschlag, das Volk bestimmen zu lassen? Wie steht er zu der Idee, Evchen lediglich das Vetorecht einzuräumen? Wie sehr ist Sachs' Meinung von künstlerischen Erwägungen geprägt? Oder spielen auch persönliche Gründe eine Rolle? Will der Witwer gar um Evchen werben?

Er, Pogner, weiß ja selbst nicht, was er für richtig halten soll – wenn er an den starrhalsigen Beckmesser, an den noblen Ritter und an seine glücksuchende Tochter denkt. Es gibt Momente im Leben, in denen ist es besser, die Gegenwart nicht zu zerreden. Womöglich, um Missverständnissen keinen Nährboden zu bieten. Ein solcher Augenblick ist jetzt, und Pogner zieht es daher vor, an Sachs' Haus vorüber zu gehen.

Stattdessen drängt es ihn plötzlich, in seine Tochter hinein zu horchen: „Und du, mein Kind, du sagst mir nichts?"

„Ein folgsam Kind, gefragt nur spricht's", antwortet Eva diplomatisch.

Anstatt sie endlich in Ruhe zu lassen, damit sie Magdalene nach Neuigkeiten fragen kann, will sich der Vater mit ihr noch eine Weile auf die Hausbank setzen. Auch ihr Einwand, es werde wohl schon kühl, bringt ihn davon nicht ab. Pogner möchte sie auf den morgigen Tag einstimmen, will noch einmal betonen, dass sie das letzte Wort haben soll.

Jetzt, da das Thema angesprochen ist, versucht Eva nun doch einzuhaken: „Muss es ein Meister sein?" Dann aber winkt Magdalene heimlich aus der Tür, und das Gespräch zwischen Vater und Tochter zerfasert vollends. Eva kann den Vater auf den Gedanken bringen, dass man wegen des Abendessens ins Haus müsse. Pogner glaubt einen Moment, es gebe einen Gast; Eva hofft sofort, es könnte der Ritter sein. Nein, natürlich nicht, sagt Pogner, aus dem wurde er heute nicht froh.

Verwirrung liegt in der Luft, jeder sucht nach Aufklärung, doch die Gespräche führen zu nichts. Zumindest aber geht der Vater nun endlich ins Haus, und Eva hat eine erste Nachricht über Walther erhalten – wenn auch eine schlechte.

Etwas mehr erfährt sie von Magdalene: „Sprach David: meint', er habe vertan."

„Hilf Gott, was fing' ich an? Ach, Lene, die Angst! Wo was erfahren?"

„Vielleicht vom Sachs?"

Ja, da hatte Magdalene eine gute Idee! Eva kennt Sachs seit ihrer Kindheit. Sie will zu ihm.

Doch das dürfe nicht bemerkt werden, rät Magdalene, sie solle vorher mit dem Vater zu Abend essen.

Eva stimmt ihr zu, und beide verschwinden im Haus.

Hans Sachs will daran gehen, die Schuhe von Beckmesser zu reparieren. Morgen soll er gut beschuht vor sein Publikum treten. Diesen kleinen Dienst möchte er seinem streitbaren Zunftkollegen erweisen.

David schleppt Werktisch und Schemel auf die Gasse. An diesem wunderschönen, lauen Abend will der Meister draußen arbeiten. David ist bedrückt: Der Meister spricht weiterhin nur das Nötigste mit ihm. Und die kurze, unerfreuliche Begegnung mit Magdalene geht noch durch seinen Kopf. Es war ein schlechter Tag für den Lehrbuben! Er wünscht dem Meister eine gute Nacht, danach steigt er hinauf in seine Schlafkammer.

Hans Sachs setzt sich an seinen Werktisch, prüft die Schuhe, überlegt, was daran zu tun ist, nimmt das Werkzeug zur Hand – doch er kann sich nicht überwinden, anzufangen.

Es ist leer geworden auf der Gasse. Hinter den Fenstern flackern Kerzen und Öllampen, gelegentlich hört man Lachen, Rufen oder Hundebellen. Eine Nachbarsfrau holt noch Wäsche von der Leine und singt dazu. Dann, fast überraschend, ist es völlig still. Sachs lehnt sich zurück. Der Duft eines Fliederbusches zieht herüber. Der starke, volle Geruch lässt nach diesem bewegten Tag seine Gefühlswelt in den Vordergrund treten. Ein Moment, da ein sensibler und schöpferischer Mensch wie Hans Sachs spürt, dass er nur als winziges Element eines großen Ganzen durch das Leben tappt, dass er immer aufs Neue seine eigene Spur bestimmen muss, um dicht an seiner Seele zu bleiben.

Sachs'
Flieder-
monolog

Die Stimmung macht ihn demütig. Sein Streben und Schaffen wertet er als belanglos. Es sei wohl besser, er kümmere sich um seine Arbeit und lasse seine armselige Poeterei, mahnt er sich selbst. Dann nimmt er den Hammer und fängt an, kräftig auf die Sohle zu klopfen.

Aber er kann nicht aus seiner Haut. Er mag sich in die Figur eines tüchtigen, aber schlichten Schuhmachers hinein wünschen, doch er wird immer ein reflektierender Mensch bleiben, den Einflüsse aus seiner Umgebung beschäftigen. So muss er also das Handwerken zurückstellen, bis er dem, was ihn heute so bewegt, etwas näher gekommen ist.

Es hat natürlich mit Walthers Lied zu tun, mit dessen Kraft und Wärme. Wie treffend hat Walther darin sein Liebesgefühl in das Lied eines Vogels gekleidet! So unverfälscht, dass es sich an keinem Maßstab messen lässt. „Kein' Regel wollte da passen, und war doch kein Fehler drin."

Das ist es wohl, was Sachs nicht loslässt: Ein Meisterlied im Sinne der Tabulatur, mag dessen Architektur noch so ausgewogen sein, beinhaltet nur einen Teil der künstlerischen Wahrhaftigkeit. Dieses blanke Regelwerk lässt die emotionale Kraft vermissen, die ein vollkommenes Meisterlied ebenfalls bestimmen sollte!

Die Frage in Sachs' Kopf hat sich mit dieser Überlegung aufgelöst, zumindest so sehr, dass sie ihn nicht weiter an der Arbeit hindert. Er nimmt den Hammer wieder zur Hand und lächelt boshaft, als er sich die Aufregung der Meister noch einmal in Erinnerung ruft. „Dem Vogel, der heut sang, dem war der Schnabel hold gewachsen: macht' er den Meistern bang, gar wohl gefiel er doch Hans Sachsen."

Gelöst und heiter schlägt er auf Beckmessers Schuhsohle, so energisch, dass er gar nicht bemerkt, wie Eva zu ihm schleicht.

„Gut'n Abend, Meister! Noch so fleißig?", beginnt sie vorsichtig.

Sachs ist erstaunt. Was will das Nachbarskind, das zur jungen, attraktiven Dame herangewachsen ist? Passen die Brautschuhe nicht, die erst gestern fertig geworden sind? Oder treibt sie ein anderes, tieferliegendes Problem zu so später Stunde aus dem Haus? Die Sorge, einen unangenehmen Meister heiraten zu sollen?

Wieder führen verborgengehaltene Gedanken, Hoffnungen und Spekulationen in die Verwirrung. Eva versucht, von Sachs Neuigkeiten zu erfahren, bohrt aber aus Übervorsichtigkeit so ungeschickt, dass Sachs nicht recht weiß, worauf er eigentlich antworten soll. Eva wiederum deutet dies als hartherzige Geheimniskrämerei und reagiert wütend: „Ihr wisst nichts? Ihr sagt nichts? Ich hätt' Euch für feiner gehalten."

Nur mit Gelassenheit kommt man hier weiter, überlegt Sachs. Eins ist jetzt sicher: Die Angst, morgen ins Unglück zu geraten, gärt in Eva. Sie darf zwar Nein sagen, aber der Erwartungsdruck ist enorm. Doch Eva beschäftigt offenbar Weiteres. Aber was? Hans Sachs beginnt, Fallen zu stellen. Er lenkt das Gespräch auf die Schuhe, die er am Leisten hat, und damit auf Sixtus Beckmesser. Unverzüglich folgt der erwartete Ausbruch: „So nehmt nur tüchtig Pech dazu: da kleb' er drin und lass' mir Ruh'!"

Eva hasst also Beckmesser! Doch wie riesig die Bedrohung tatsächlich ist, ihm morgen als Gewinner gegenüber zu stehen, hat sie sich wohl noch gar nicht bewusst gemacht! „Ein Junggesell: 's gibt derer wenig dort zur Stell'", verdeutlicht Sachs.

Eva stockt das Herz. Das Wasser steht ihr bis zum Hals, sie muss einen Sicherheitshaken setzen, bevor sie in den Abgrund der Beckmesser-Ehehölle stürzt.

„Könnt's einem Witwer nicht gelingen?", fragt Eva zärtlich.

Die Frage verwirrt Sachs. Meint sie das ernst? Kam sie deshalb? Der Gedanke schmeichelt ihm. Aber gleichzeitig misstraut er dem verschleierten Angebot und wertet sich ab. Er sei zu alt.

Eva packt ihn schließlich bei der Ehre: Wolle er riskieren, dass sie ihm Beckmesser vor der Nase geschnappe?

Sachs' Misstrauen war wohl berechtigt, Eva geht es nur um die Abwehr von Beckmesser! Das verletzt!

Also eine zweite Falle gestellt: Ach, er sei heute etwas verwirrt. In der Singschule gab es Aufregung!

„Nun sagt, wer war's, der Freiung begehrt?", fragt Eva sofort. Ihre Augen beginnen zu glänzen.

Jetzt ist der Kern gefunden, denkt Sachs. Doch in welche Rolle soll Sachs nun schlüpfen? In die Rolle des Helfers? Des Gekränkten? Der Gedanke fällt ihm schwer, in dieser Geschichte künftig als Uneigennütziger und Gütiger zu handeln. Und doch ahnt er, dass eine gegenteilige Haltung nur in ein Desaster führen würde. Aber er wäre unklug, sich jetzt schon in die Karten schauen zu lassen. Er will zunächst Gewissheit haben und erzählt von der Freiung. Dabei stellt er sich zum Schein auf die Seite der Meistersinger: „Ohne Gnad' versang der Herr Rittersmann."

Eva verteidigt Walther und versucht, Sachs auf seine Seite zu bringen. Als aber Sachs zuletzt rät, sie solle den „Junker Hochmut" laufen lassen, wütet sie gegen Sachs: Ja, der Ritter solle besser anderswo sein Glück suchen als bei den kalten, hinterhältigen Meistern – zu denen auch Sachs gehöre!

Magdalene hat unterdessen nach ihr gerufen. Von ihr erhofft sie sich Hilfreicheres als von Sachs, also nützt sie ihren Wutausbruch für einen effektvollen Abgang.

Sachs sieht ihr nach: „Das dacht' ich wohl. Nun heißt's: schaff Rat!"

Er steht auf und geht ins Haus, jedoch nur, um durch einen Spalt das weitere Geschehen unbemerkt beobachten zu können.

Von Magdalene hört Eva, der Vater suche nach ihr, und endlich auch, dass Beckmesser um ihr Zuhören bittet. Da Walther jeden Moment eintreffen muss, hat sie für solchen Unfug natürlich keine Zeit. In der Not kommt ihr eine Idee: Magdalene solle dem Vater sagen, sie schliefe bereits. Ferner solle sie in Evas Nachtgewand schlüpfen und statt ihrer am Fenster erscheinen.

Das ist für Magdalene ein pikantes Vorhaben: David schläft Richtung Gasse. Zwangsläufig wird er Beckmessers Auftritt mitbekommen und glauben, dieser singe für sie. Ein bisschen Eifersucht kann nicht schaden!

„Dort hör ich Schritte", ruft Eva plötzlich aufgeregt. Magdalene will sie ins Haus ziehen, aber keine zehn Pferde brächten sie jetzt von der Gasse, jetzt, da endlich, endlich Walther kommen müsste!

„Da ist er!" Eva stürzt in Walthers Arme. Machtlos läuft Magdalene davon. Sie muss den Dingen ihren Lauf nehmen lassen.

Mit überschäumenden Gefühlen verspricht Eva ihrem Ritter, einzig er werde von ihr zum Preisträger gekürt. Walther winkt ab. Die Meister hätten ihn für unwürdig befunden, sein Enthusiasmus sei nur auf Verachtung gestoßen! Doch Eva beharrt auf ihrer Versicherung: Nur ihm werde sie die Hand reichen!

Mit ihrer blauäugigen Schwärmerei kann Walther nichts anfangen. Die Demütigungen, die er erfahren musste, haben ihm die reale Situation schmerzhaft vor Augen geführt. Ein Meistersinger müsse es sein!, erinnert er. Auch wenn ihr Vater wohl gerne sein Angebot zurücknehmen würde, er kann nicht! Wenn er an die unerträgliche Situation denkt, in die er geraten ist, schwillt ihm die Galle! Es gibt daher nur einen einzigen Ausweg, ruft er aufgewühlt: „Folg mir hinaus!" Hier hätten sie keine Zukunft! Hier werde alles von den Meistern beherrscht! Aus allen Ecken sieht er sie herauskriechen, sich zusammenrotten, Eva umzingeln und emporheben. Er hingegen wird von den Meistern verspottet und verhöhnt. Die Qual der Eifersucht, die er in seiner Schreckensvision durchleidet, treibt ihn schließlich so weit, dass er auf die Feinde einschlagen will. Der Ton eines Horns, der aus der Nachbarschaft erklingt, bringt ihn vollends aus der Fassung. Aufgewühlt greift er zum Schwert, als sehe er tatsächlich eine Horde von Meistern auf sich zustürmen.

„Geliebter, spare den Zorn!", versucht Eva ihn zu beruhigen. Es sei das Horn des Nachtwächters gewesen. Walther solle sich im Dunkeln bei der Linde verbergen.

Als Magdalene leise nach Eva ruft, will sie ins Haus. Walther gerät in Verwirrung. Was wird aus der Flucht?

„Du fliehst?"

„Muss ich denn nicht?"

„Entweichst?"

„Dem Meistergericht." Dabei lächelt sie schelmisch und schlüpft ins Haus.

Wem entflieht sie? Ihm oder dem Meistergericht? Walther kann das Wortspiel nicht enträtseln. Es bleibt auch keine Zeit dazu. Der Nachtwächter biegt in die Gasse, Walther springt hinter die Linde.

„Hört, ihr Leut', und lasst euch sagen, die Glock' hat zehn geschlagen", röhrt der alte Mann in die Häuserschlucht. Dabei bleibt er stehen und hebt die Laterne, als suche er nach Gefahrenquellen. Da er nichts Auffälliges entdeckt, setzt er seinen Rundgang behäbig fort.

Kaum ist er außer Sichtweite, da kommt Eva zurück – in Magdalenes Kleidern. Walther fällt ein Stein vom Herzen. Entschlossen packt er die Hand der Geliebten. Es sei höchste Zeit, alles sei vorbereitet. Ein Knecht warte vor dem Stadttor mit Pferden.

Doch gerade als sie aus dem Versteck springen wollen, öffnet Hans Sachs die Ladentür, und ein heller Lichtschein fällt auf die Straße. Der Fluchtweg ist abgeschnitten.

Sachs hat die Gespräche mitgehört. Eine Flucht wäre töricht, davon ist er zutiefst überzeugt. Es muss eine andere Lösung gefunden werden – eine Lösung, die sich mit Maß und Vernunft in die Gegebenheiten fügt und gleichzeitig das Liebesglück ermöglicht. Wirklich befriedigend hilft nur die Schlauheit!

Als Walther Sachs erkennt, freut er sich: „Mein Freund!"

Eva hat in anders erlebt: „Glaub's nicht!"

Sie sind also von Feinden umgeben! Es bleibt ihnen nur, abzuwarten.

Sachs hantiert an seinem Werktisch. Er tut so, als habe er von den Vorgängen nichts bemerkt.

Da ist plötzlich eine Laute zu hören. Sixtus Beckmesser hat sich in die Gasse geschlichen, ist auf einen Steinsitz gegenüber von Pogners Haus gestiegen und stimmt nun sein Instrument. Dabei blickt er aufgeregt hinauf zum Dachfirst, wo sich allmählich Eva im Fenster zeigen sollte.

Für das Liebespaar bedeutet dieser Auftritt ein weiteres, lästiges Hindernis.

Sachs hingegen blickt wie elektrisiert auf. Dieses Zusammentreffen kann der Anfang einer günstigen Entwicklung sein, denkt er. Zumindest aber kann dadurch die Flucht unmöglich gemacht werden!

Sachs'
Schusterlied

Als habe er Beckmesser nicht wahrgenommen, setzt er sich wie ein grober Handwerkerklotz auf seinen Schemel und schlägt auf den Leisten. Kräftig stimmt er ein Lied an: „Jerum! Jerum! Hallo hallo he!" Es erzählt eine Geschichte über die Sünderin Eva, die barfuss aus dem Paradies gejagt wurde und am steinigen Boden der Erde litt. Nur dem Sündenfall sei es also zuzuschreiben, dass sich Schuster nun mit harter Arbeit quälen müssen!

Ein lärmender Handwerker, das ist das Letzte, was Beckmesser in dieser lauschigen Stunde gebrauchen kann! Er muss aus dem Weg geräumt werden. Mit unterkühlter Freundlichkeit begrüßt er seinen Zunftgenossen.

Oh, wie ist Sachs erstaunt, den Herrn Stadtschreiber so spät noch in dieser Gasse anzutreffen. „Die Schuh' machen Euch große Sorgen?"

„Hol' der Teufel die Schuh'!", gibt Beckmesser zurück.

Die sollen doch morgen fertig sein!, erinnert Sachs. Rücksichtslos singt und hämmert er weiter.

Beckmesser lugt nach dem Fenster und weist Sachs auf die Nachtruhe hin, die den Nachbarn zustehe. An seinen Gesang sei die Gasse gewöhnt, antwortete Sachs. Und schon beginnt er mit einer neuen Strophe.

„Am End' denkt sie gar, dass ich das sei!", schießt es Beckmesser in den Kopf. „Das Fenster geht auf!" Dabei fährt ein Blitz in seine Knochen.

Magdalene, in Evas Kleidern, legt sich gnädig in den Fensterstock.

Beckmesser ist verzweifelt: „Jetzt bin ich verloren, singt er noch fort!" Er muss handeln, will er nicht heute schon in einer Blamage stranden. Doch er kennt den Sachs! Seinen Dickschädel und seine Boshaftigkeit! Und da dieser Bursche bestimmt schon durchschaut hat, warum er ausgerechnet hier vorm Pognerhaus musizieren möchte, wird er wohl kaum das Feld räumen. Man muss ihm das Entgegenkommen mit Bauchpinselei entlocken: „Als Schuster seid Ihr mir wohl wert, als Kunstfreund doch weit mehr verehrt." Darum, so schmeichelt Beckmesser weiter, hätte er gerne seine Meinung über das Lied gehört, das er morgen singen möchte.

Aber Sachs hat sich an seinem gehässigen Zunftkollegen noch nicht genügend gerächt, um friedfertig werden zu wollen: „Wie käme solche Ehr' mir zu? Nur Gassenhauer dicht ich zum meisten." Schwungvoll schlägt er daraufhin auf den Schuh und fängt wieder an: „Jerum! Jerum! Hallo hallo he!"

„Verfluchter Kerl!", schimpft Beckmesser. Jetzt reißt sein Geduldsfaden! Mit diesem Dickschädel ist nicht auszukommen! Zornig überschüttet er Sachs mit Vorwürfen und Drohungen: Neidisch sei er bloß, weil man ihn noch nie zum Merker gewählt habe! Und solange Beckmesser lebe, werde das auch nicht passieren!

Das war ein schöner Wutausbruch!, freut sich Sachs. „War das Eu'r Lied?"

Beckmesser stehen die Schweißperlen auf der Stirn. Er weiß nicht mehr weiter.

Jetzt endlich ist Sachs zu einer Übereinkunft bereit. Er gibt vor, er möchte die Kunst des Merkers erlernen und bittet Beckmesser um seine Unterstützung. Eine kleine praktische Übung würde ihm viel helfen. Beckmesser solle also singen, er werde zuhören und die Fehler anzeigen. Allerdings auf seine Weise: mit dem Hammer auf den Leisten – denn Beckmesser wolle ja morgen gut beschuht sein!

Beckmesser protestiert, aber seine Lage ist fatal. Die Dame am Fenster könnte jederzeit verschwinden, und Sachs wird kaum zu einem weiteren Zugeständnis zu bewegen sein. Also ist er mit dem Vorschlag zähneknirschend einverstanden.

Das Liebespaar, das sich noch immer eng aneinandergeschmiegt versteckt hält, weiß nicht recht, welche Schlüsse es aus dieser absurden Szene ziehen soll. Sie lachen über Beckmesser, ergötzen sich an seiner Notlage, rätseln aber auch, ob Sachs' Agieren zu ihrem Vorteil oder Nachteil werden kann.

„Fanget an!", ruft Sachs.

Beckmessers
Ständchen
Beckmesser beginnt: „Den Tag seh ich erscheinen." Mit seinem Lied will er beschreiben, wie lohnend das Werben ist, wenn ein schönes Fräulein als Braut gewonnen werden kann. Doch er kommt nicht weit. Sachs hat schon an den ersten Worten etwas auszusetzen und schlägt mit dem Hammer.

Die Stimmung ist gereizt. Sofort reagiert Beckmesser. Sachs Einwände lässt er nicht gelten, doch ausführliche Diskussionen würden seinen Vortrag gänzlich zerstören. „Am besten, wenn ich ihn gar nicht beacht", nimmt er sich vor. Also die Aufmerksamkeit nur auf die liebliche Jungfrau am Fenster richten und stur weitersingen! Beckmesser zupft seine Laute und vertieft sich in seinen Gesang.

Seine Weise ist gewöhnlich, die Verse sind ungelenk, aber das Lied holpert zügig dahin – wenn man einige ausufernde Koloraturen außer Acht lässt. Doch als Sachs wieder zu schlagen beginnt, mischt sich rasch abermals Wut in seinen Ausdruck. Noch einmal lässt er sich zum Abbrechen und Schimpfen verleiten, aber die Dame am Fenster, die am Weggehen gehindert werden muss, zwingt ihn zum Weitermachen. Immer weiter entfernt er sich vom lärmenden Schuster, um unbehelligt zu sein, immer heftiger fährt er in die Seiten, immer lauter schmettert er sein Ständchen.

Endlich springt Sachs auf und ruft: „Seid ihr nun fertig? Mit den Schuhen war ich fertig schier!"

Beckmesser überhört dies trotzig und singt.

Dann passiert, was abzusehen war: Der Lärm hat David geweckt. Er schaut aus dem Fenster seiner Kammer und entdeckt Magdalene, die von einem Mann besungen wird. Jetzt kann er sich endlich erklären, weshalb sie heute so zickig war! Sie lässt sich von einem Anderen den Hof machen! Das soll der Kerl büßen!

Mit einem Knüppel bewaffnet steigt er auf die Fenster- *Prügelszene* bank. Magdalene hat ihn bemerkt, will ihn noch mit Handzeichen besänftigen, um Schlimmes zu verhüten, aber Davids Eifersucht kennt kein Halten mehr. Ohne seinen Gegner zu erkennen, springt er auf die Gasse, reißt dem Sänger die Laute aus der Hand und schlägt auf ihn ein.

Der Gesang und der Lärm hat auch andere aus dem Schlaf geholt. Die Schlägerei entsetzt und beflügelt sie. Nein, so etwas darf es in einer ehrbaren Stadt nicht geben! Aber Anständigkeit und Sittenstrenge sind nur zu ertragen, wenn sie hin und wieder außer Kraft gesetzt werden können. Noch dazu in einer warmen Juninacht, vor dem Johannistag! Da kommen den braven Bürgern Rechnungen in den Sinn, die als offen empfunden werden. Da drängt es die rechtschaffenen Handwerker und schmalgehaltenen Lehrbuben, eine Explosion zu veranstalten. Eine Rauferei von Zweien ist dann das heimlich ersehnte Signal. Das Ventil, durch das sich der aufgestaute Mief den Weg ins Freie bahnen kann, ist geöffnet!

Im Nu sind Stöcke, Besen und Pfannen bei der Hand. In ihren Nachtgewändern springen sie sich an, beschimpfen, balgen und schlagen sich, zertrampeln die Blumen in den feingepflegten Gärtchen, tauchen sich in Brunnen und Eimer. Es herrscht Ausgelassenheit und Chaos – auf dem schmalen Grat zwischen Spaß und Ernst. Sie bedrohen sich mit Mord und Totschlag, finden aber bei blauen Flecken und harmlosen Prellungen ihre Grenzen.

David hat Beckmesser einige Male die Gasse hinauf- und hinuntergejagt. Die Rufe Magdalenes, mit denen sie das

Missverständnis aufklären wollte, sind im Tumult unterge-
gangen. Da wird Magdalene von Pogner zurück in die
Kammer gezogen. Als Pogner feststellt, dass die Frauen die
Kleider getauscht haben, macht er sich aufgebracht auf die
Suche nach Eva.

Hans Sachs hat sich in den Hintergrund geflüchtet, von
wo aus er die Rauferei und das Liebespaar beobachtet. Als
die beiden die Gunst des Augenblickes nutzen wollen, um
endlich die Flucht anzutreten, schreitet er ein. Er springt auf
Walther zu und packt seinen Arm. Eva stößt er zu Pogner,
der gerade auf die Straße eilt. Wahrend er Walther hinüber
in seinen Schusterladen zieht, kann er auch David mit einigen Schlägen erreichen und einfangen. Der schwer ange-
schlagene Beckmesser, von seinem Verfolger befreit,
schleppt sich davon.

Der Hornruf des Nachtwächters dringt durch das
Schreien und Schlagen. Die Streithähne werden daran erinnert, dass ihre Explosion nur innerhalb eines bestimmten
Rahmens stattfinden kann. Die Begrenzung ist erreicht, die
Ordnungsmacht des Nachtwächters wird akzeptiert. Die
Prügeleien hören unverzüglich auf, die Auseinandersetzun-
gen werden für beendet erklärt. Die Handwerker, Hausfrau-
en und Lehrbuben verschwinden hinter den Fassaden, und
die Behaglichkeit kehrt zurück. Nur die umgeknickten Blumen, die Scherben, Schlagstöcke, Eimer und verlorenen
Schlafmützen erinnern an die Ausnahme, die dann und wann
nötig ist.

Der Nachwächter kommt in die Gasse. Als er die Spuren sieht, schüttelt er den Kopf. Er ist ein braver, ausgegli-
chener Mann, weshalb ihn die Ausbrüche befremden, die
sich gelegentlich hinter seinem Rücken abspielen.

So sind sie eben, die Leute, denkt er sich. Dann singt er
seinen Spruch: „Hört, ihr Leut', und lasst euch sagen: die
Glock' hat eilfe geschlagen. Bewahrt euch vor Gespenstern

und Spuk, dass kein böser Geist eur' Seel' bedruck'! Lobet Gott den Herrn."

Noch einmal bläst er in sein Horn und setzt seine Runde fort.

3.
Der goldene Mittelweg

Hans Sachs hat diesen Ausbruch aufgestauter Energie als Beobachter miterlebt. Weder hat er geschlagen noch gestritten; er hat lediglich eingegriffen, um drei Beteiligte in die gewünschte Richtung zu lenken: Eva schickte er ins Vaterhaus, David und Walther holte er zu sich. Dadurch gelang es ihm, die erhitzten Gemüter zu isolieren, sodass sie sich abkühlen konnten.

Die Nacht ist vergangen. Die Sonne des neuen Tages wärmt bereits die Blumen auf der Fensterbank in der Werkstatt. Die Vorgänge des gestrigen Abends haben in Sachs' Gedankenwelt weitere Fragen aufgeworfen, weshalb er im Schlaf keine Entspannung finden konnte und noch früher als gewöhnlich aufstand.

Bald nach Sonnenaufgang klopfte ein Mann an der Ladentür: Walthers Knecht. Er hatte die ganze Nacht vor der Stadt gewartet und schließlich begonnen, nach seinem Herrn zu suchen. Nachbarn haben ihm geraten, bei Sachs nachzufragen. Er übergab Walthers Reisegepäck und verabschiedete sich.

Hans Sachs rückte danach seinen großen Lehnstuhl in den Sonnenplatz und fing an, in alten, riesigen Büchern zu blättern. Weniger, um sich daraus zu bilden, vielmehr, um Lösungsanregungen für seine Fragen zu finden.

Ohne dass dies von Sachs zur Notiz genommen wurde, hat sich auch David frühzeitig angekleidet. Die Prügelei, die er sich gestern geleistet hat, wird wohl die dicke Luft noch weiter eingetrübt haben, denkt er sich. Darum tut er heute alles, um sich in gutes Licht zu rücken. Beispielsweise brachte er bereits die fertigen Schuhe in Beckmessers Haus. Auf dem Rückweg wurde er von Magdalene abgepasst. Sie quälte das Bedürfnis, die Umstände des Ständchens zu erklären.

Wie froh ist nun David, dass kein Nebenbuhler existiert und die ganze Aufregung lediglich durch eine Finte der Frauen heraufbeschworen wurde. Und was das Beste ist: Magdalene hat ihm einen großen Korb mit Blumen- und Bänderschmuck geschenkt!

Dritter In der Werkstatt angekommen, verdrückt er sich in eine
Aufzug abgelegene Ecke, um sich in aller Ruhe über den Inhalt des Korbes hermachen zu können: Wurst und Kuchen. Aber die Gegenwart des Meisters stört. Auch im höchsten Gaumengenuss lässt sich das angespannte Verhältnis nicht verdrängen. Wenn der Meister so gedankenversunken dasitzt und kein Wort mit ihm spricht, ist er immer noch böse! Und irgendwann muss sich David der Situation stellen!

Er sammelt seinen ganzen Mut und geht zu ihm hinüber. Eifrig erzählt er, was er heute schon alles geleistet hat. Doch der Meister reagiert nicht.

„Ach, Meister, wollt mir verzeihn! Kann ein Lehrbub' vollkommen sein?"

Da dieser immer noch schweigt, holt David zu einer wortreichen Erklärung aus: Warum und wieso es zur Prügelei kam, dass er seine Magdalene gern habe, und dass er eben eifersüchtig gewesen sei.

Endlich schließt Hans Sachs das dicke Buch und blickt auf. Überraschend freundlich fragt er, wie die Blumen und Bänder ins Haus kommen.

Er hat gar nicht zugehört! So sehr war er in seinen Gedanken, dass er David tatsächlich nicht bemerkt hat! Womöglich ist er gar nicht mehr gram!

Heute ist ein Festtag, erinnert David.

Sachs gibt sich schwerfällig: Ist heute Hochzeitsfest? War gestern Polterabend?

Das Spiel des Meisters irritiert David. Meint er etwa, dass David um Lene gefreit hat? „Wir feiern ja heut Johannisfest", stellt er klar.

„Johannisfest?"

Was ist los mit dem Meister? Er muss schon arg in seine Gedankenwelt abgetrieben sein, wenn er das Johannisfest vergessen hat! Das Fest, das heute viele, viele Leute auf den Anger locken wird. Die Zünfte werden mit Fahnen und Banner einmarschieren, und Musikanten werden zum Tanz aufspielen!

Immerhin fordert Sachs nun David auf, seinen Spruch vorzusingen.

David ist erleichtert, weil sich die Stimmung im Haus offenbar aufhellt und keine Strafe mehr zu befürchten ist. Forsch beginnt er mit seinem Spruch, allerdings versehentlich nach der gleichen Weise, nach der Beckmesser gestern sein Ständchen sang. Als Hans Sachs verwundert lacht, fällt ihm der peinliche Irrtum auf, und er trägt die Verse richtig und mit heiterer Festlichkeit vor.

Oh je, so kommt es David, heute hat der Meister ja Namenstag! Beinahe hätte er das vergessen! Hurtig sucht er ein kleines Geschenk. Er hält ihm die Wurst aus dem Korb entgegen – die er freilich schon angebissen hat.

Hans Sachs ist gelöster als zuvor, doch seine Bedächtigkeit hält an. Mit seinen Überlegungen ist er noch nicht zum Ende gekommen, weshalb er noch eine Weile ungestört sein will. Er trägt David auf, sich mit Blumen und Bändern zu schmücken, damit er seinen Meister heute als stattlicher Herold begleiten kann.

David traut sich, eine Frage anzubringen, die ihm schon lange auf der Zunge liegt: „Sollt' ich nicht lieber Brautführer sein?"

Sachs gibt keine klare Antwort: „Wer weiß! Kommt Zeit, kommt Rat."

Gegen Beckmesser käme er doch an, drängt David weiter. Noch dazu sei dieser heute sicher in schlechter Verfassung!

Jetzt ist genug damit! Sachs weiß ja selbst nicht, ob die Haltung, die er einnehmen will, für ihn die richtige ist. „Jetzt geh und stör mir den Junker nicht!", sagt er schließlich.

David packt alles in den Korb und klettert hinauf in seine Kammer.

*Sachs'
Wahn-
Monolog* Noch einmal blickt Hans Sachs in sein Buch. Doch jetzt spürt er, dass er letztlich nichts Hilfreiches darin finden wird. „Wahn! Wahn! Überall Wahn!", murmelt er mit Seufzen. Alles, was er aus den Stadt- und Weltchroniken lesen kann, bestätigt, dass in der Seele des Menschen Verwirrung herrscht. In seinem emsigen Arbeiten findet er im Grunde keinen Sinn, erhält dafür weder Dank noch Lohn. Deshalb verliert er sich in Selbstbeschwichtigungen und Illusionen. „In Flucht geschlagen, wähnt er zu jagen. Hört nicht sein eigen Schmerzgekreisch, wenn er sich wühlt ins eigne Fleisch, wähnt Lust sich zu erzeigen." Gut, oft schläft diese Verwirrung über längere Zeit hinweg, und die Welt erscheint friedlich und geordnet. Dann aber erwacht sie mit neuer Kraft und sucht einen Ort, an dem sie stürmen kann. Selbst Nürnberg, die idyllische, sittsame Handwerkerstadt im Herzen des Deutschen Reiches ist davor nicht gefeit. Eine Kleinigkeit genügt: „Ein Schuster in seinem Laden zieht an des Wahnes Faden." Und kurz darauf herrscht in den Gassen Chaos.

Wie soll man sich das erklären? Wie soll man damit umgehen?

Es hilft nichts! Der Mensch, sein Verhalten, das Leben wird letztlich immer unergründlich bleiben. Und man muss daher das Menschliche mit Humor nehmen und unvollkommene Begründungen akzeptieren: „Ein Kobold half wohl da! Ein Glühwurm fand sein Weibchen nicht; der hat den Schaden angericht't. Der Flieder war's: Johannisnacht."

Sachs zieht seine Lehre daraus: Das bloße Grübeln hilft nicht weiter. Ein gewissenhafter Geist muss die Dinge in die Hand nehmen. „Nun aber kam Johannistag! – Jetzt schaun wir, wie Hans Sachs es macht, dass er den Wahn fein lenken mag, ein edler Werk zu tun."

Die Person, bei der er ansetzen muss, kommt gerade aus seiner Schlafkammer: Walther von Stolzing. Er hat gestern, nachdem er von Sachs eingefangen worden war, rasch erkannt, dass er in das Haus eines Freundes geraten ist. Auch wenn er seinem Fluchtplan noch etwas nachhängt, so erzeugte das Vertrauen, das er zu Sachs fassen konnte, doch neue Hoffnung auf einen offiziellen Weg, Eva zu bekommen. So hat er die Nacht gut geschlafen. Und außerdem: Er hatte einen wunderschönen Traum.

Sachs begrüßt ihn herzlich und hakt sofort ein. Wenn Walther heute eine Chance haben wolle, dann brauche er ein eigenes Meisterlied. Also solle er den Traum erzählen.

Walther empfindet die Traumbilder als so zerbrechlich, dass er sich nicht traut, sie noch einmal zu denken, geschweige denn zu erzählen.

Diese Ängstlichkeit müsse Walther überwinden, wenn er ein Dichter sein will. Gerade Gefühlsoffenheit sei das, was er den antiquierten Meistern voraushabe. Sachs macht ihm Mut: „Glaubt mir, des Menschen wahrster Wahn wird ihm im Traume aufgetan: all Dichtkunst und Poeterei ist nichts als Wahrtraumdeuterei." Vielleicht habe er ja auch geträumt, wie er heute siegen könne!

Von den Meistern will Walther nichts mehr wissen. Außerdem sei wohl der Graben unüberwindbar, der inzwischen entstanden ist.

Bestünde tatsächlich keine Hoffnung mehr, scherzt Sachs, hätte er gestern die Flucht gemeinsam mit Walther und Eva angetreten! „Drum bitt ich, lasst den Groll jetzt ruhn; Ihr habt's mit Ehrenmännern zu tun; die irren sich und sind bequem."

„Mein Freund! In holder Jugendzeit" Walther ist ein unerfahrener, junger Mann, voller Energie und Fantasie. So sehr Hans Sachs dies gefällt, weil er sich selbst in seinen Jungendjahren darin erkennt, so sehr weiß er auch, dass Walther nur einen frühen Teil des gesamten Lebenszeitraumes repräsentiert. Für den späteren Teil stehen die Meistersinger und ihre Kunst. Um Walther den Hintergrund seines Scheiterns zu erhellen und Verständnis für die Zunftkollegen zu wecken sowie Mut für einen neuen Anlauf zu machen, muss Sachs etwas weiter ausholen:

„Mit solchem Dicht'- und Liebesfeuer verführt man wohl Töchter zum Abenteuer." Den Meistern ist dieses Feuer nicht neu, denn auch sie haben in der Jugend solche Lieder gesungen. Doch die Meister haben inzwischen den Sommer durchlebt, teilweise sogar Herbst und Winter. Sie haben das Dasein von seiner Schattenseite kennen gelernt. Sehr vielen Menschen kommen mit den Jahren ihre Lieder abhanden, und ihre Tage werden dunkel und still. Menschen mit frischem Geist hingegen haben irgendwann damit begonnen, eine Kunst zu entwickeln, mit der sie sich zumindest Bildnisse ihrer Jugendgefühle erhalten können. Und es erfordert große Sensibilität und Fertigkeit, deren Werke durch die Zeit zu bewahren und zu pflegen!

„Eu'r Lied, das hat ihnen bang gemacht", weil es die Würde dieser Bildnisse bedrohe. Die Chance bestehe nun darin, diese Bildnisse aufzufrischen, um dadurch ihren Wert zu unterstreichen.

Sachs gibt sich schließlich sogar als Bittsteller: „Drum möchte' ich, als bedürft'ger Mann, will ich die Regeln Euch lehren, sollt Ihr sie mir neu erklären." Dabei zieht er Schreibzeug hervor und setzt sich zum Diktat. Walther soll seinen Morgentraum erzählen.

Walther nimmt den Faden auf: „Wie fang ich nach der Regel an?"

„Ihr stellt sie selbst und folgt ihr dann."

Walther sammelt sich.

„Morgenlich leuchtend in rosigem Schein", beginnt er sein Lied. Er beschreibt, „ein Garten lud mich ein, Gast ihm zu sein." Schon nach vier Zeilen, am Ende des ersten Melodiebogens, schaltet sich dezent Sachs ein. Das war ein Stollen, ihm muss nun ein zweiter folgen. *Walthers' Traumerzählung*

Walther akzeptiert die Vorgabe und setzt die farbenreiche Erzählung fort. Im zweiten, ebenfalls vierzeiligen Stollen, trifft die Traumgestalt auf einen Baum mit goldenen Früchten.

Wieder gibt Sachs, der weiter mitgeschrieben hat, Erläuterungen und Hilfestellungen. Auf diese beiden Elternteile, wie er die Stollen nennt, müssen nun die Kinder folgen, der Abgesang. Mit ihm erhält der Bar seine vollständige Form.

Walther singt diesen Abgesang, länger als die beiden Stollen zusammen und mit eigener Melodie – wie es die Tabulatur fordert: Plötzlich habe ein Weib neben ihm gestanden, „hold und schön", das auf eine Frucht an diesem Lebensbaum zeigte.

Sachs ist zufrieden. „Nur mit der Melodei seid Ihr ein wenig frei; doch sag ich nicht, dass das ein Fehler sei." Und den Inhalt weiß er nicht recht zu deuten.

Walther lässt den zweiten Bar folgen. Der Traum führt nun in die Abendstunden, als er bei seiner Geliebten liegt. In der Dunkelheit verliert er allmählich ihren Blick. Dafür treten zwei Sterne hervor. Herrliche Klänge und weiteres

Himmelslicht kommen hinzu, bis die Erscheinung schließlich zu einem Tanz angeschwollen ist, ein „Sternenheer im Lorbeerbaum".

Die Form ist gelungen, weshalb Sachs nicht unterbrechen musste. Um sich den Inhalt zu erschließen, regt er noch einen dritten Bar an, der dann die Deutung enthalten sollte.

„Wo fänd' ich die? Genug der Wort'!", antwortet Walther entschlossen.

Sachs akzeptiert die Haltung. Wenn die Dichterpersönlichkeit dies so entscheidet, mag es seine Richtigkeit haben.

Ein wichtiges Ziel ist erreicht. Ein neues Lied auf der Grundlage der Tabulatur ist geschaffen und auf Papier festgehalten.

Walther fragt gespannt: „Was habt ihr vor?"

Sachs lässt sich nicht in die Karten schauen. Er bittet Walther noch, die Weise im Kopf zu behalten. Dann schickt er ihn in die Kammer zum Ankleiden. Sein Knecht habe seine Sachen vorbeigebracht. „Mit Kleiden, wohlgesäumt, sollen beide wir geziert sein, wenn's Stattliches zu wagen gilt", sagt Sachs in feierlichem Ton, und Walther ahnt, dass Sachs, sein Freund, einen spannenden Plan verfolgt.

4.
Jetzt schaun wir, wie Hans Sachs es macht

Doch Sachs' Plan fehlt noch die Würze, der Kniff. Seine Ausführung verspricht keinen Effekt, der dem Erfolg zu einer guten Wirkung verhelfen würde.

Welche Kräfte auch immer im Spiel sein mögen: Einem Verliebten, der zielstrebig und selbstbewusst seine Sache verfolgt, tritt das Schicksal willig zur Seite und schafft hilfreiche Fügungen. Kaum nämlich sind Sachs und Walther nach draußen in die Kammer gegangen, kommt hastig Beckmesser herein. Er ist aufgewühlt. Nachdem die Blessuren versorgt waren, ist ihm das Ausmaß der Unverschämtheit klar geworden, die sich Sachs gestern ihm gegenüber geleistet hat. Sein erster Weg an diesem Festtagsmorgen führt ihn daher – in frisch besohlten Schuhen – zu seinem Zunftkollegen, seinem Widersacher, seinem Feind!

Die dampfende Wut, in die er sich gebracht hat, verpufft, als er die Werkstatt leer findet. Ohne Gegner kein Streit! Nachdem er sich kurz umgesehen hat, will er ins Innere des Hauses vordringen, doch da erinnert ein stechender Schmerz an den jämmerlichen Zustand seines Rückens. Da sich mit jedem Schritt weitere Körperteile melden, zieht er es vor, eine kleine Pause einzulegen. Er setzt sich auf Sachs' Schusterschemel. Doch kein Ort der Welt bietet heute einen Ruheplatz, schon gar nicht der Schusterschemel. Sofort werden Erinnerungen wach. Die gefährliche Mischung in seinem Kopf aus Wut, Unausgeschlafenheit und Angst vor eine Blamage gewinnt rasch die Oberhand und breitet sich aus zu einem wilden Tagtraum. Noch einmal spürt er die Prügel, noch einmal hört er den Lärm, das Toben, das Gespött. Als wäre er von Verfolgern umstellt, springt er zum Fenster und reißt es auf. Unweigerlich sieht er das Haus von Pogner, das Haus der Begehrten. Walther fällt ihm ein! Hat es nicht gestern im Verlauf der Prügelei einen kurzen Augenblick gegeben, da er diesen lästigen Ritter zusammen mit Eva in einer dunklen Ecke hocken sah? Ist sein Nebenbuhler schon so weit vorgedrungen? Doch, redet er sich ein, er wird keinen Erfolg haben! Nur ein Meistersinger soll die Jungfrau ersingen können! Aber was ist mit seinem, Beckmessers, Werbelied? Taugt es?

Er wendet sich vom Fenster ab, läuft zurück ins Innere der Werkstatt – und sieht plötzlich die Blätter mit Walthers

Beckmessers Pantomime

85

Lied auf dem Tisch liegen. Von Sachs niedergeschrieben, die Tinte noch feucht.

Sofort legt sich der Spuk in seinem Kopf. Die Realität hat ihn wieder. Sie ist verblüffend: „Ein Werbelied! Von Sachs! Ist's wahr? Ha! Jetzt wird mir alles klar!"

Im nächsten Moment hört er Schritte. Was tun? Ein Reflex lässt ihn die Blätter nehmen, falten und einstecken.

Hans Sachs kommt im Festgewand herein. Als er Beckmesser sieht, legt sich unwillkürlich ein ironisches Lächeln auf seine Züge. „Sieh da, Herr Schreiber! Auch am Morgen? Euch machen die Schuh' doch nicht mehr Sorgen?"

Nun hat Beckmesser endlich seinen Gegner vor sich! Noch dazu gebärdet der sich höhnisch! Rasch kommt Beckmesser wieder in Fahrt. Und sein Zornesfeuer hat weitere Nahrung erhalten!

Tobend nennt er die Dinge beim Namen: Sein wahrer Nebenbuhler heißt Hans Sachs! Alles war also ein abgekartetes Spiel! Sachs hat es auf Eva abgesehen, will an das Erbe des Goldschmieds kommen! Gestern ging es ihm lediglich darum, das Ständchen zu verhindern, damit er, Beckmesser, bei Eva keinen Vorteil erringen kann! Und zuletzt hat er noch seinen groben Lehrbuben auf ihn gehetzt! Aber Beckmesser fühlt sich in Form! Trotz grüner und blauer Flecken wird er sich von Sachs nicht besiegen lassen!

Sachs ist wie immer ruhig geblieben: „Zu werben kommt mir nicht in den Sinn."

„Wenn ich aber drob ein Zeugnis hätte?" Dabei greift Beckmesser in die Tasche und zieht die Blätter heraus: „Ist das Eure Hand?"

„Ja – war es das?"

Walthers hochpoetischer Text in Beckmessers Hand – das beflügelt Sachs' Fantasie! Geistesgegenwärtig macht er ein Spiel daraus. Vordergründig gibt er sich großzügig: Damit Beckmesser nicht als Dieb dasteht, schenkt er ihm das Lied.

Beckmesser ist erstaunlich erleichtert und erfreut. All sein Fluchen auf Sachs ist vergessen, und all sein vorheriges Lob auf das eigene Werbelied zeigt sich nun als bloße Selbstbeschwichtigung. Ihm ist klar, dass sein Vortrag keine sonderliche Wirkung bei Eva hervorgerufen hat, und dass er in der knappen Zeit kein neues schreiben kann. „Ein Lied von Euch, des bin ich gewiss, mit dem besieg ich jed' Hindernis!"

Doch plötzlich kommen Bedenken: Kann man Sachs trauen? Gestern noch Feind, heute Freund?

„Ich macht' Euch Schuh' in später Nacht: hat man je so einen Feind bedacht?", entgegnet Sachs schelmisch. Um Beckmesser zu beruhigen, schwört er, das Lied nie sein Eigen zu nennen.

Nun glaubt sich Beckmesser in Sicherheit. Und sofort strotzt er wieder vor Selbstbewusstsein. Den Rat Sachs', den Vortrag des schwerverständlichen Textes gut vorzubereiten, hält er für überflüssig: „Was Ton und Weise betrifft, gesteht, da tut's mir keiner vor! Drum spitzt mir fein das Ohr. Und: Beckmesser, keiner besser!"

Dann hat er es plötzlich eilig. Er muss heim zum Textlernen und Komponieren. Aufgeregt hüpft er hin und her, weiß nicht, wie er Sachs danken, wie er ihn loben soll. Am Ende verspricht er sogar: „Kauf Eure Werke gleich, mache zum Merker Euch." Dabei klopft er Sachs auf die Schulter, rennt in die falsche Richtung, merkt dies, schlägt sich auf die Stirn, lächelt entschuldigend, hält die Blätter in die Höhe, winkt und findet endlich durch die Tür.

Sachs sieht ihm nach und lächelt. Schön, dass er seinen langjährigen Kollegen mal wieder von seiner zutiefst menschlichen Seite sehen durfte. Alle Bosheit sei letztlich Ausdruck von Verwirrtheit und Selbstüberschätzung, denkt er sich. „Die schwache Stunde kommt für jeden; da wird er dumm und lässt mit sich reden."

Die Verwicklung, die sich ergeben hat, kommt Sachs sehr gelegen. Die Zeit ist voran gerückt. Die Leute zieht es auf die Festwiese. Für Eva wird die Situation immer beklemmender. Sie hat, als sie gestern gegen Ende der Prügelei in die Arme ihres Vaters getrieben wurde, noch mitbekommen, dass Walther ins Haus von Sachs geraten ist. Aber mit Sachs hat sie gestritten, hat ihn herangelockt und dann ihre Liebe zu Walther offengelegt. Sie würde am liebsten einen Bogen um sein Haus machen, doch hier muss Walther zu finden sein. Vielleicht hat sich ja Sachs inzwischen auf dessen Seite geschlagen. Hilfe ist ohnehin nur von ihm denkbar.

Ratlosigkeit und Hoffnung wehen sie wie ein abgerissenes Blatt ins Nachbarhaus. Sie steckt bereits im weißen Kleid, gleich einer Braut. Trotz ihrer trüben Stimmung wirkt sie anziehend. Ihre Erscheinung bezaubert Sachs, sodass er sich im Innersten erneut die Frage stellt, ob er den richtigen Weg eingeschlagen hat. „Du machst wohl alt und jung begehrlich, wenn du so schön erscheinst", entkommt es ihm.

Eva weicht aus. Das sei dem Schneider gelungen. „Wer sieht denn, wo's mir beschwerlich, wo still der Schuh mich drückt?"

Der Schuh drückt! Mit diesem doppelsinnigen Wortspiel tasten sie sich durch die schwierige Situation. Weder Sachs noch Eva wollen über den gestrigen Streit oder Walther sprechen. Da Sachs tatsächlich daran geht, die neuen Brautschuhe zu prüfen, versucht Eva, eine Druckstelle zu beschreiben. Aber sie kommen zu keinem Ergebnis.

„Ach Meister! Wüsset Ihr besser als ich, wo der Schuh mich drückt?"

Dann aber, Sachs kniet gerade mit dem Rücken gegen die Kammertür vor Eva, tritt Walther in Festkleidung herein. Eva seufzt, von Erleichterung überwältigt.

Sachs bemerkt sofort, was sich um ihn zuträgt, welche Gefühlskraft hier zur Zweisamkeit strebt. Tatsächlich findet er eine Naht, die zu wulstig geraten ist. Sie bietet ihm die Möglichkeit, Zuflucht in seiner Schusterarbeit zu suchen, um so der Gefahr zu entgehen, dass sein Gefühlsschmerz offenkundig wird. Aber es misslingt, er kann die Zunge nicht im Zaum halten und spielt den Ahnungslosen: „Ich hab mir's überdacht, was meinem Schustern ein Ende macht: am besten, ich werbe doch noch um dich; da gewönn' ich doch was als Poet für mich! Du hörst nicht drauf! – So sprich doch jetzt! Hast mir's doch selbst in den Kopf gesetzt. Schön gut! – Ich merk: ‚Mach deinen Schuh!'"

Dann aber übergibt er symbolisch Eva an Walther, indem er den Dichter auffordert, nun den dritten Bar zu singen.

Walther brach vorhin sein Lied bei der Beschreibung des Sternentanzes ab. Dieser Tanz wird jetzt zum Sternenkranz im Lockenhaar der Geliebten. Als nun der Tag wieder anbricht, scheinen ihm ihre Augen wie zwei Sonnen. Diese flechten, am Ende des Liebestraums, den Kranz als Zeichen des Ruhmes um das Haupt der Geliebten.

Sachs ist mit dem Schuh fertig und schiebt ihn auf Evas Fuß.

Walther hat ein Meisterlied gesungen! Auf sehr eigene Art, aber es ist ein Meisterlied! Das macht Eva Hoffnung. Und nur einer kann dabei geholfen haben: Hans Sachs.

Überwältigt fällt sie Sachs um den Hals. Auch Walther ist zu seinem Freund getreten und drückt seine Hand.

Diese Rührseligkeit ist Sachs unerträglich. Sein Verzicht ist dafür zu frisch. Er will ihn Ruhe gelassen werden. Daher reißt er sich los und verliert sich in diffuse Klagen und Vorhaltungen: Er sei Schuster, Poet, solle alles bewerkstelligen, alles verstehen. „Die jüngsten Mädchen, ist Not am Mann, begehren, er hielte um sie an. Versteht er sie, versteht er sie nicht, all eins, ob ja, ob nein er spricht: am End' riecht er doch nach Pech und gilt für dumm, tückisch und frech!" Aber er ist nicht unversöhnlich, er weiß nur nicht, wie er sich verhalten soll.

Eva versucht, ihn zu besänftigen. Ja, sie ist ganz bei ihm, weiß, was er seit je für sie getan hat, wie viel Liebe sie ihm schuldig ist. „Ich war doch auf der rechten Spur: denn, hatte ich die Wahl, nur dich erwählt' ich mir." Doch sie hatte keine Wahl, fügt sie hinzu. Die wirkliche Liebe ist anders. Sie hält sich nicht an das Naheliegende, ignoriert die selbstgestrickten Pläne. „Doch nun hat's mich gewählt zu nie gekannter Qual: und werd ich heute vermählt, so war's ohn' alle Wahl!"

Diese schlichte Wahrheit akzeptiert Sachs. Die Liebe hinterlässt keine Verlierer und Gedemütigte, sondern lediglich Unberücksichtigte. Wer sich gegen die Liebesverknüpfungen stellt, erzeugt eigenes und fremdes Leid.

Sachs macht sich diesen Zusammenhang an einer alten Geschichte deutlich: „Von Tristan und Isolde kenn ich ein traurig Stück; Hans Sachs war klug und wollte nichts von Herrn Markes Glück."

Dieses kleine Gewitter, Sachs' Entladung und Evas Entgegnung, war erforderlich, um die Verhältnisse zwischen den Dreien zu klären. Nun endlich können sich Zuversicht und festliche Stimmung breit machen. Hans Sachs hat zu guter Laune zurückgefunden und fühlt sich in der Lage, das Vorhaben voranzubringen.

Magdalene schleicht neugierig um das Haus und kommt herein. Sachs holt David dazu und bittet um Aufmerksamkeit: Zeugen und Paten sind hier versammelt, um einer Taufe beizuwohnen. Nach gutem Meistersingerbrauch werde nämlich eine neue Weise auf einen eigenen Namen getauft. Junker Walther von Stolzing habe eine solche Weise geschaffen. Paten seien er und Eva. Doch, so fährt Sachs fort, als Zeuge sei ein Lehrbube ungeeignet. Darum müsse er David zum Gesellen erheben.

Aufgeregt kniet sich David rasch vor seinen Meister und empfängt die traditionelle Ohrfeige.

Nun sind die Paten und Zeugen vollzählig, und Sachs kann den Namen verkünden: „Selige Morgentraumdeut-Weise". Sie möge ohne Schaden und Bruch gedeihen. Um das Zeremoniell abzurunden, soll Eva der Weise einen Spruch mit auf den Weg geben.

„Selig, wie die Sonne meines Glückes lacht", beginnt sie und wünscht der Weise ihren eigenen Wunsch: dass es ihr gelingt, die Last der Angst von ihrem Herzen zu nehmen.

„Selig, wie die Sonne"

Auch für die anderen ist diese kleine Feierlichkeit der rechte Augenblick, inne zu halten und die Gefühle und Hoffnungen in Worte zu fassen.

Die Wünsche von David und Magdalene haben mit dem Täufling nur sehr wenig zu tun. Davids Beförderung zum Gesellen beflügelt ihre Hochzeitsgedanken. Sachs hat während des Entstehungsaktes der Weise eine angemessene Haltung gefunden; es hat sich für ihn dabei aber auch bestätigt, dass ein junger Mensch sein Glück nur finden kann, wenn es ihm gelingt, sein Temperament zu zügeln und auf eine lebenswirkliche Bahn zu lenken. Für Walther bot die Morgenweise eine Ebene, auf der er mit Hilfe von Evas Liebe alles Beengende ergründen und überwinden konnte. Nun fühlt er sich stark genug, noch einmal vor die Meister zu treten.

Es wird nun wirklich Zeit. „Auf nach der Wies', schnell auf die Füß'!" Sachs drängt zum Gehen. David schließt den Laden, sie machen sich auf.

Auf der Festwiese, an der Pegnitz gelegen, hat sich bereits halb Nürnberg eingefunden. Kähne bringen stetig weitere Besucher zu den Attraktionen: Schausteller, Spielleute, fah-

Festwiese

rende Händler und Wunderheiler. Schankleute verkaufen Bier und Wein. Es wird gespielt, gelacht und gezecht. Besonders Durstige sind schon über die Tische gekippt.

In der Mitte der Wiese hat man einen Platz freigelassen und eine Tribüne aufgebaut. Sie ist mit einem Baldachin überdacht und an den Seiten mit bunten Tüchern bespannt. Allmählich kommen auch die Schiffe der Zünfte an. Die Handwerker werden von Lehrbuben empfangen, gruppieren sich dann zu Zügen und marschieren zu ihren Liedern auf den Platz. Herolde gehen mit den Zunftfahnen vorneweg, schwenken die Banner und schmücken damit schließlich die Tribüne.

inzug der Zünfte Als Erste treffen die Schuster ein. In ihrem Gesang huldigen sie dem Zunftpatron Sankt Crispin, der mutig den Reichen das Leder stahl, um daraus Schuhe für die Armen zu machen.

Bevor sich die Schneider einen Weg durch das Gewühl bahnen können, ziehen Stadtpfeifer, Trompeter und Trommler mit viel Lärm vorbei. Ihnen haben sich Kinder mit Schellen und kleinen Schlaginstrumenten an die Fersen geheftet, die versuchen, das Getöse zu überbieten.

Dann aber setzen die Schneider an. Sie erzählen in ihrem Lied eine Begebenheit aus der Zeit, als Nürnberg belagert wurde. Einer ihrer Vorväter ist im Fell eines Ziegenbocks lustig auf der Stadtmauer herum gesprungen, um den Feinden prallgefüllte Vorratslager vorzugaukeln. Die Belagerer sind daraufhin abgezogen.

An Stimmgewalt wollen die Bäcker nicht nachstehen. „Hungersnot! Hungersnot!", röhren sie. „Gäb' euch der Bäcker nicht täglich Brot, müsst' alle Welt verscheiden."

Doch die kräftigen Gesänge und farbenfrohen Zunftbanner werden sofort unwichtig, wenn diejenigen ankommen, auf welche viele Nürnberger Männer insgeheim gewartet haben: die Mädel von Fürth. Kaum hat man ihnen aus dem Kahn geholfen, da laufen auch schon die Stadtpfeifer herbei und spielen auf. Die Lehrbuben und Gesellen raufen um die Mädchen, und dann reihen sich die Paare in den Tanz.

Tanz der Lehrbuben

David hat im Trubel Magdalene aus den Augen verloren. Das trifft sich gut! Auch er kann sich dem Charme der Fürtherinnen nicht entziehen und schnappt sich eine Tänzerin. Die Nachbarslehrbuben warnen ihn: „Die Lene sieht zu!" Panisch verabschiedet er sich von seiner Schönen – bis er merkt, dass er wieder einmal gehänselt wurde. Doch die Fürtherin ist noch frei! Rasch findet er sich wieder mit ihr zusammen und genießt die Abwechslung.

„Die Meistersinger!", rufen Gesellen. Sofort geht der Spaß zu Ende. Das Johannisfest ist letztlich der Meistersingerkunst gewidmet, nicht dem bloßen Vergnügen! Allein das Wort „Meistersinger" löst Respekt und Mahnung zu Ernsthaftigkeit und Ordnung aus. Der Mittelplatz, der vom Tanztreiben eingenommen war, ist rasch geräumt, die Delegierten der Zünfte, die Lehrbuben, Gesellen und die übrigen Frauen und Männer bilden einen weiten Kreis. Die Meister werden mit Jubeln und Fahnenwinken empfangen.

Einzug der Meistersinger

Der Zug wird angeführt von Fritz Kothner, der die Meistersingerfahne trägt. Sie zeigt König David mit einer Harfe. Es folgen Veit Pogner und Eva, dahinter die weiteren Meistersinger samt Sachs. Auch Beckmesser ist dabei. Dieser nimmt den Trubel nur eingeschränkt wahr; viel zu verbissen ist er mit dem Studium des Liedtextes beschäftigt.

Eva wird auf einen Ehrenplatz auf der Tribüne gebracht. Die Meistersinger nehmen die anderen Plätze ein.

Als Hans Sachs von der Tribüne in die Mitte tritt, weil er die Eröffnungsansprache halten soll, entsteht in der Runde unvermittelt der Wunsch, den Volksdichter mit einer besonderen Ehrbezeugung zu begrüßen. In feierlichem Ton singen sie das Lied „Wach auf, es nahet gen den Tag", auf einen Text von Sachs.

„Wach-auf"-Chor

Nach ausgelassenen Rufen kehrt schließlich Ruhe ein. Hans Sachs, aufrichtig berührt, sammelt sich und beginnt seine Rede.

Die Liebe, die man ihm entgegenbringt, sei auch eine Bürde, bekennt er, denn er müsse sich dieser Liebe stets aufs Neue würdig erweisen. Für das heutige Fest sei er als „Spruchsprecher" ausersehen. In dieser Eigenschaft habe er zu verkünden, dass ein Meister seine Tochter zum Preis des Wettsingens ausgelobt hat; dies, um den Wert der Meistersingerkunst deutlich zu machen. Die Meister werden daher zur Beteiligung am Werben und Singen aufgerufen. Eva solle dies ihrerseits als Ehre betrachten.

Sachs hat schöne Worte für das Auditorium gefunden! Pogner dankt dem Freund für die Ansprache.

Es entsteht eine kleine Unterbrechung des Ablaufs, weil Lehrbuben vor der Tribüne ein kleines Podest errichten und schmücken müssen.

Sachs nutzt die Gelegenheit, Beckmesser nach seinem Befinden zu fragen.

„O dieses Lied! werd nicht draus klug und hab schon dran studiert genug!" Doch ans Aufgeben denke er nicht. Solange Sachs nicht antritt, hält er sich für den Besten.

Fritz Kothner schreitet in die Mitte und bittet den ersten Sänger in die Runde. Der Älteste möge beginnen. – Das ist Sixtus Beckmesser.

Unter den Zuschauern kommt Getuschel auf, als er hervortritt und das kleine Podest besteigt. Da es ein wenig wackelt, schimpft er die Lehrbuben herbei. Sie müssen nachbessern.

So ein komischer Kauz wirbt um die schöne Pogner-Tochter, flüstern die Leute. Das kann ja lustig werden!

Beckmesser ist flau im Magen. Er spürt die Skepsis des Publikums, und er weiß, dass er vom Lied, das er vortragen will, kein Wort verstanden hat. Doch was er nicht weiß, ist noch viel bedrohlicher: Durch das Falten der Blätter ist die

Tinte verwischt, sodass sich einige Buchstaben verändert haben. Konnte er den Sinngehalt von Walthers Traumfantasie ohnehin schon nicht entschlüsseln, so hat dieser Umstand das Übrige getan: Unbewusst hat er einen völlig neuen Text herausgelesen – im Vertrauen darauf, dass Sachs sich dabei etwas gedacht haben mag.

Er beginnt mit einem langen Lautenvorspiel, dann wagt er es, die ersten Verse zum Besten zu geben: „Morgen, ich leuchte in rosigem Schein, von Blut und Duft geht schnell die Luft; – wohl bald gewonnen wie zerronnen – im Garten lud ich ein – garstig und fein."

Walther steht inmitten der Zuhörer. Als er diesen Unsinn hört, lugt er mit strahlenden Augen hinüber zu Sachs und Eva. Die beiden beißen sich höchst amüsiert auf die Lippen.

Die Meister und das Volk sind erstaunt. So etwas aus dem Mund des Herrn Stadtschreibers? Das ist sonderbar!

Der Sänger rückt verstört am Podium und fährt fort: „Wohn ich erträglich im selbigen Raum, hol Gold und Frucht – Bleisaft und Wucht."

Den Anwesenden fällt es zunehmend schwer, dem Vortrag kommentarlos zu folgen. Hier hört man eine abfällige Bemerkung, dort lacht Einer; ein Anderer macht Witze, der Nächste erzählt sie weiter. Immer dichter und lauter wird das Gerede, sodass Beckmesser äußerste Konzentration aufbieten muss. Heimlich zieht er die Blätter zu Rate, doch der Text gibt weitere Kuriositäten vor: „Heimlich mir graut, weil hier es munter will hergehn."

Dann endlich platzt die Szene. Die Leute brechen in schallendes Gelächter aus, Beckmesser springt wütend zu Sachs: „Verdammter Schuster, das dank ich dir!" Das Lied sei vom hochverehrten Volksdichter! Er habe es ihm aufgedrängt! Verzweifelt wirft er dabei die Textseiten in die Luft und geht hastig aus dem Kreis.

Darauf hat Sachs gewartet. „Das Lied fürwahr ist nicht von mir", beteuert er. Dafür sei es viel zu schön! Er hebt die Blätter auf und spricht in die Runde: Offensichtlich habe Beckmesser das Lied verunstaltet. Er sei davon überzeugt, dass es gefällt, wenn es richtig vorgetragen werde. Als Verklagter habe er das Recht, einen Zeugen zu benennen. Er bittet diesen Zeugen in den Kreis.

Sachs, der hintergründige Taktiker, hat es geschafft: Der „Wahn", der die Menschen umtreibt, ist in dieser Geschichte auf die richtige Bahn gelenkt. Das Podest steht leer, die Leute sind in Spannung, Walther verfügt über ein Lied, das sich nach Beckmessers Verballhornung umso besser ausmachen wird. Und das Wichtigste: Die Meister müssen sich in dieser aufgeladenen Stimmung tolerant zeigen, aufs Volk hören und etwas frischen Wind zulassen – wogegen sie sich ja gestern bei der Freiung noch verbissen gewehrt hatten.

Walther ignoriert seine weichen Knie und schreitet in ritterlicher Haltung in die Runde, besteigt das Podium.

Sachs stellt den Zeugen vor, übergibt Kothner die Textblätter zum Mitlesen und erklärt mit Augenzwinkern, die Güte der Regeln erkenne man daran, dass sie eine Ausnahme vertrügen.

Die Meister sind genau so neugierig wie die übrigen Zuhörer. Keiner erhebt Einwände, keiner spricht, alle spitzen die Ohren.

Walthers Preislied

Was kann jetzt noch schief gehen? Walther spürt den Blick Evas im Rücken und das Wohlwollen des Volkes. Also singt er los: „Morgenlich leuchtend in rosigem Schein."

Schon nach wenigen Versen lässt Fritz Kothner die Blätter fallen, weil ihn Walthers Gesang so sehr ergreift. Walther hat dies bemerkt und fühlt sich noch ein Stückchen freier. Er weicht von der Textfassung ab und erzählt sehr viel plastischer, was er im Traumgarten erlebte: Unter dem Wunderbaum sah er Eva im Paradies, die ihm die Erfüllung seines Lustverlangens versprach. Im zweiten Bar erreicht er bei Nacht eine Quelle. Im Schein der Sterne trifft er wieder auf diese Frau. Sie gibt sich als Muse des Parnass zu erkennen, also als Muse der Dichtkunst, die ihn mit dem Wasser der Quelle benetzt.

Da Walther eine wachsende Begeisterung und Sympathie im Publikum wahrnimmt, lässt er feurig den dritten Bar folgen: „Huldreichster Tag." Der Dichter ist erwacht und sieht, dass sich das Traumbild des Paradieses auch in der Wirklichkeit vor ihm ausbreitet. Die Quelle zeigt den Weg zu diesem Land, den Weg zur Geliebten. Selbstsicher schließt er sein hymnisches Lied mit den Worten: „Durch Sanges Sieg gewonnen Parnass und Paradies!"

An seinem Sieg kann tatsächlich kein Zweifel mehr bestehen. Die Nürnberger sind gerührt und schwelgen in höchstem Lob. Die Meistersinger fanden es kühn und seltsam, aber ebenso schön und bewegend. Einige Regelverstöße haben sie wohlwollend überhört.

„Ja, holder Sänger! Nimm das Reis! Dein Sang erwarb dir Meisterpreis!", rufen sie.

Walther steigt auf die Tribüne zu Eva. Überglücklich legt sie einen Kranz aus Lorbeer und Myrten auf sein Haupt. „Keiner wie du so hold zu werben weiß", sagt sie leise zu ihm. Pogner, ebenfalls sehr erleichtert, segnet die beiden.

Hans Sachs bringt sich in Erinnerung und fragt in die Runde: „Den Zeugen, denk es, wählt' ich gut: tragt ihr Hans Sachs drum üblen Mut?"

Nein, natürlich nicht. Die Nürnberger lieben ihren Sachs. Und heute hat er erneut gezeigt, wie nah er seine Sinne bei den Menschen hat und mit Herz und Verstand einen gangbaren Weg zwischen widerstreitenden Seiten zu finden vermag.

Dann fordern die Meister Veit Pogner auf, den Ritter in die Zunft aufzunehmen. Pogner entnimmt einem Etui eine goldene Kette: „Geschmückt mit König Davids Bild, nehm ich Euch auf in der Meister Gild'.‟

Das geht Walther zu weit! Auch wenn er sich inzwischen ein wenig mit den Regeln angefreundet hat, ist er hier, um Eva zu ersingen, nicht, um noch tiefer in diese spröde Kunst hineingezogen zu werden. Er will ohne Meister glücklich sein!

Sachs' Schluss-ansprache und Finale

Das kann Sachs nicht so stehen lassen. „Verachtet mir die Meister nicht und ehrt mir ihre Kunst!‟, mahnt er – mit Nachdruck, denn er hat dem jungen Ritter ja schon ausführlich erläutert, welche Beweggründe zu dieser Kunst geführt haben.

Er ist davon überzeugt, dass Walther im Verlauf dieser Geschichte ein Stückchen reifer geworden ist und daher diese Beweggründe inzwischen nachvollziehen kann. Walthers Reaktion erfolgte deshalb sicher nicht aus ernsthafter Überlegung. Im Glück des Augenblicks scheint er den Wert der Meistersingerkunst nicht ermessen zu können.

Einzig das, was diese Kunst auszeichnet, betont er, hat sein Glück ermöglicht: die überlegte Unterstützung durch einen Meister und sein Dichtertum! Und, dass Veit Pogner seine Tochter als Ehrenpreis ausgelobt hat, weil er den hohen Rang der Kunst unterstreichen wollte. – Sein Adel und sein Ritterstand waren unwichtig.

Sachs geht noch näher auf die die Bedeutung des Meistergesanges ein: „Dass unsere Meister sie gepflegt, grad recht nach ihrer Art, nach ihrem Sinne treu gehegt, das hat sie echt bewahrt.‟ Ihr Tun wurde immer nötiger, als das höfische Leben verblasste und das Land von den Wirren der Reformation und den Bauernkriegen erschüttert wurde. Und jetzt, da Kaiser Karl V. die Herrschaft über das ganze Abendland anstrebt und die deutschen Länder an Geltung verlieren, werden auch die Fürsten viel Auswärtiges ins Land holen und das Verständnis für ihre Untertanen verlieren. Gäbe es die Meistersinger nicht, so prophezeit Sachs, würde

98

bald niemand mehr wissen, was die deutsche Kunst ausmacht und worauf sie gründet.

Weil Sachs die Kunst als Voraussetzung für das glückliche Zusammenleben der Menschen betrachtet, hat er sich in Begeisterung geredet. Noch einmal fordert er Walther auf, die Meister zu ehren; denn selbst wenn das Ungeheuerlichste einträfe, wenn das jahrhundertealte „Heilige Römische Reich" in Dunst zergehen würde, bestünde dank der Meister das kulturelle Erbe, die deutsche Kunst fort.

Walther hat die engagierte Rede Sachs' mit großer Sympathie angehört. Was die Aussage betrifft, dass es eine großartige Idee gewesen sei, Eva als Preis auszusetzen, blieb Walther insgeheim bei der gegenteiligen Meinung. Das Weitere war aber bemerkenswert und überzeugend: ein bedingungsloses Bekenntnis zur Vorherrschaft der Kunst und eine wohlformulierte Herabwürdigung von Obrigkeit und Politik. Dass sich die Patrizier und Fürsten offenbar zu fein waren, zum Johannistag-Volksfest zu kommen, zeigt, wie lebensnah Sachs' Befürchtungen sind.

Walther kann nicht mehr ablehnen. Als Sachs schließlich die Goldkette aus Pogners Händen nimmt, senkt er bereitwillig den Kopf, sodass ihm Sachs das Ehrenzeichen umhängen kann.

Dann geht Sachs auf Beckmesser zu, der mit blassem Gesicht am Rand steht. Er ist einer jener Meister, denen seine Würdigung galt. Dem Blamierten fällt es schwer, auf die Versöhnung einzuschlagen. Schließlich aber gibt er sich einen Stoß und kehrt zurück auf die Tribüne.

Während das Volk Meister Sachs zujubelt, nimmt Eva den Lorbeerkranz von Walthers Haupt und schmückt damit Sachs. Walther weiß, wie Eva das meint. Sachs hat es verdient!

Walther freut sich, dass er nun ein angesehener Nürnberger Bürger und Meister ist; dass Eva an seiner Seite steht, macht ihn glücklich.

Parsifal

1.
Die Wunde

Dem Menschen fehlt die Ruhe. Das Fortschrittsstreben, die Macht- und Habgier, der Geltungsdrang, ja insbesondere der Geschlechtstrieb führen zu stetigem Wollen. Doch während der Mensch jagt, spürt er auch jenen anderen Teil seiner Seele, der nach Vereinfachung und Entbehrung strebt. Und so taumelt er die teuere Lebenszeit auf dem schmalen Grat zwischen diesen beiden Seiten hin und her. Im Extremfall verzettelt er sich zuletzt in ichbezogenen Alltäglichkeiten und verliert sein Ziel aus den Augen, einen Ausweg aus seiner Leidenssituation zu finden. Oder er handelt wie Titurel.

Dieser stellte sich dieser Lebensfrage. Bis hin zur weitestgehenden Konsequenz.

Die Christenheit erklärt sich den Ursprung dieses Dilemmas mit einer bildreichen Begebenheit: der Sündenfall. Adam aß vom Baum der Erkenntnis und wollte gottgleich werden. Dafür wurden er und Eva aus dem Paradies vertrieben.

Also, so überlegte Titurel, ist die Überwindung des Lebensleidens, die Rückkehr zum Paradies, nur demjenigen möglich, der seinen Blick von allem Äußeren abwendet und demutsvoll nach innen, auf Gott richtet. Dazu ist absolute Askese erforderlich, insbesondere Keuschheit, denn in der geschlechtlichen Lust sieht er eine Fixierung auf die Äußerlichkeit.

Titurel gründete mit Gleichgesinnten im nördlichen Spanien ein eigenes Reich. Die Gemeinde lebt in dem Bestreben, diese Ideale zu verwirklichen und auf diese Weise erlösungsfähig zu werden.

Nach einiger Zeit geriet das Reich in Bedrängnis, weil ein Überfall von Ungläubigen drohte. Die Gemeinde genoss inzwischen göttlichen Beistand, und so bewirkte der Heiland in der ärgsten Not ein Wunder: Durch Engel sandte er Speer und Gral. Den Speer hatte einst der Römer Longinus nach der Kreuzigung Jesus Christus in die Seite gestoßen, im Gral, dem Abendmahlskelch, hatte Josef von Arimathäa das Blut aufgefangen. Das Gebiet der Gemeinde wurde dadurch zum Gralsreich, das von nun an keiner finden sollte, der die hohen Gebote missachtet. Die Feinde waren somit abgewehrt.

Um Gral und Speer würdig zu verwahren, baute Titurel die Burg Monsalvat. In ihr versammeln sich seither die Ritter zu Abendmahlfeiern. Im Mittelpunkt steht dabei die Enthüllung der Reliquien, aus deren Anblick sie Glaubensstärkung beziehen.

Seit einem* ungeheuerlichen Vorfall ist die Vollkommenheit dieser Betrachtung jedoch zerstört. Der Speer geriet in die Hand eines Feindes.

Das ereignete sich so: In einem Tal unweit der Burg Monsalvat lebte einst Klingsor. Um für eine ungenannte Sünde zu büßen, wollte er der Gralsgemeinschaft beitreten. Titurel nahm ihn auf. Zunächst fühlte er sich in seinem neuen Leben wohl, erledigte seine Aufgaben mit besonderer Hingabe und Demut. Allmählich aber quälte ihn das Keuschheitsgelübde, bis er schließlich dem Druck nicht mehr standhalten konnte. Um der Gefahr zu begegnen, das Gebot zu verletzen, entmannte er sich selbst. Der Geschlechtstrieb wurde abgetötet. Damit jedoch stieß er sich selbst vom Erlösungsweg, denn auf diesem kann nur derjenige schreiten, der sich bewusst dafür und damit gegen reale Alternativen entschieden hat. Titurel wies ihn folglich aus der Gralsgemeinschaft.

Jetzt zeigte sich Klingsor Eitelkeit, die er hinter seiner Bußfertigkeit versteckt gehalten hatte. Denn anstatt diese zwangsläufige Konsequenz zu akzeptieren, fühlte er sich durch Titurels Reaktion gekränkt und schwor den Gralsrittern Rache. Seine Wut reichte so weit, dass seine bisherige Frömmigkeit zerfiel; schlimmer noch, er verschrieb sich dem Heidentum und erlernte dessen Zauberkünste. Mit Hilfe dieser Kräfte verwandelte er eine Wüste, die sich in einiger Entfernung zum Gralsreich im maurischen Teil Spaniens erstreckte, in einen üppigen Urwald und errichtete eine Zauberburg mit Blumengarten. Einziger Zweck dieses Reiches ist es seither, den Gralsrittern Versuchung zu sein, denn im Garten hält Klingsor schöne Mädchen bereit, die willig zur Verfügung stehen.

Welch große Gefahr für die Gralsgemeinde entstanden war, zeigte sich rasch. Immer wieder kamen Brüder von der Route ab, wenn sie jenseits der Grenze auf Reisen waren, oder sie verschwanden heimlich aus der Gemeinschaft und kehrten nie mehr zurück.

Titurel und die Männer des Gralsordens litten an dieser Bedrohung, doch der Gründer war inzwischen zu alt und schwach, um dagegen vorzugehen. Er übergab die Herrschaft schließlich seinem Sohn Amfortas. Dieser war zum Kampf gegen Klingsors Zauberreich entschlossen. Um gegen die heidnischen Kräfte geschützt zu sein und christliche Macht entgegensetzen zu können, bewaffnete er sich mit dem heiligen Speer. Zusammen mit dem treuen Glaubensbruder Gurnemanz zog er aus.

Amfortas und Gurnemanz drangen ohne Gegenwehr in das Zauberreich. Nur mühsam kamen sie im dichten Buschwerk voran. Die Pflanzen waren sehr viel größer als gewöhnlich, und auch die Farben der Blumen leuchteten kräftiger. Als sie durch die blühende Kulisse das Schloss Klingsors erkennen konnten, wies Amfortas seinen Begleiter an, er solle unter einem Baum auf ihn warten. Der Gralskönig wollte Gurnemanz nicht unnötig in Gefahr bringen.

In einer kleinen Talsenke bei einem Felsenhügel traf Amfortas auf eine Frau. Sie war jung und außerordentlich schön. Gleich einer Blüte hatte sie ihr weites Seidenkleid auf einer Matte im Gras entfaltet. Ihre schwarzen Locken lagen wie ein Fächer auf ihrer Brust.

Amfortas hatte sich innerlich auf eine solche Begegnung eingestellt, sie sogar erwartet. Er hielt sich für stark. Doch als sich die Frau aufrichtete und einen sehnsüchtigen Blick zu ihm sandte, zerfloss seine Widerstandskraft. Er näherte sich der Unbekannten machtlos und verlor sich in ihrer Umarmung und einem langen Kuss.

Plötzlich stand Klingsor auf der Lichtung. Er packte den Speer, der Amfortas entfallen war, stieß den Gralskönig von der Frau und rammte die Speerspitze in dessen Seite. Amfortas schrie auf. Im selben Moment waren Klingsor und die Frau verschwunden. Amfortas lag schwer verletzt am Boden.

Gurnemanz hatte den Schrei gehört. Er kam seinem Herrn zu Hilfe, versorgte notdürftig die Wunde und brachte ihn zurück ins Gralsgebiet.

Dieser Vorfall hat verheerende Folgen: Der Speer ist geraubt, die Wunde bleibt offen.

Die körperlichen Schmerzen, welche die Wunde bereitet, nehmen dem Gralskönig alle Lebenskraft. Oft liegt er apathisch auf seinem Lager und sehnt sich still nach dem Tod, dann wieder kämpft er dagegen, schreit seine Qual heraus. Die Glaubensbrüder versuchen zu helfen, so gut es geht, verbinden die Wunde, schaffen Kräuter und Salben herbei – doch nichts konnte bisher anhaltende Linderung bewirken.

Noch mehr leidet Amfortas an der Schande und der Schuld. An jeden Gralsbruder, der sich in der Vergangenheit in Klingsors Zauberreich verloren hat, erinnert man sich mit Abscheu und Fassungslosigkeit. Doch wie viel größer ist der Verlust an Ansehen für den König dieser Gemeinschaft! Die

Hilfsbereitschaft und Fürsorglichkeit, mit der ihn die Brüder pflegten, verstärken sein Gefühl, unwürdig und schuldbeladen zu sein.

Doch all dies ist nur gering im Vergleich zur ärgsten Konsequenz: Amfortas hat den Heiland selbst in eine unwürdige Notlage gebracht. Dieser kann das Erlösungswerk nicht mehr vollbringen. Er ist auf einen Menschen angewiesen, der den Speer aus der Hand des heidnischen Klingsors befreit.

Also ist die Entwicklung hin zur Erlösung ins Stocken geraten. Die Gralsritter leiden an diesem Stillstand. Allenfalls durch die Betrachtung des Gralsgefäßes können sie sich zeitweilig Entlastung verschaffen.

Der vormalige Gralskönig Titurel möchte den Speer noch einmal sehen. Er fühlt sich bereits zu schwach, am Leben der Gemeinschaft teilzunehmen, und hat sich daher in seine Grabesgruft zurückgezogen. Auch er wartet auf die Überwindung des Stillstandes.

Eines Tages, als Amfortas vor dem Gral betete und um Hilfe flehte, geschah ein Wunder. Aus der Schale floss ein heiliges Traumgesicht, das folgende Worte sprach: „Durch Mitleid wissend der reine Tor; harre sein, den ich erkor."

Diese Prophezeiung veränderte Amfortas und die Gralsgemeinde. Statt dumpfer Ausweglosigkeit herrscht seitdem Hoffnung. Eines Tages muss es geschehen: Ein keuscher, ahnungsloser Mann wird zu ihnen kommen und durch das Mitleid, das er für den leidenden Amfortas empfindet, eine Rettungsmöglichkeit eröffnen. Denn durch das Mitleid überwindet der Mensch seinen Egoismus und seine Überheblichkeit und findet so in eine demutsvolle Haltung – die Voraussetzung für Askese und Erlösungsempfänglichkeit.

Doch der ersehnte Tor lässt lange auf sich warten. Amfortas und die Gralsgemeinde leiden seit vielen langen Jahren.

Ein feierlicher Ruf der Turmbläser meldet den Bewohnern des Gralsreiches einen neuen Tag. Es ist Sommer, und die Sonne scheint bereits in dieser frühen Stunde in eine kleine Lichtung am Rand eines Waldsees. Gurnemanz hat auf einem Lager unter einem Baum übernachtet. Als er sich erhebt, bemerkt er zwei Knappen, die Wache halten sollten, aber eingenickt sind. Er holt sie in seiner gutmütigen, väterlichen Art aus dem Schlaf und hält mit ihnen eine kurze Morgenandacht. Dann wird es Zeit: König Amfortas könnte bald eintreffen. Schon am Morgen nimmt er gewöhnlich ein Bad im See.

Da treffen bereits zwei Ritter ein. Ein Heilkraut, das der Gralsritter Gawan besorgt hatte, verschaffte dem König lediglich kurze Linderung, berichten sie. Amfortas hat daher eine schmerzvolle, schlaflose Nacht zugebracht und bat darum, schon sehr früh zum See getragen zu werden.

„Ihm hilft nur eines – nur der Eine", spricht Gurnemanz, in Gedanken versunken.

„So nenn uns den!", sagt einer der Ritter forsch.

Die Prophezeiung, die Amfortas aus dem Gralsgefäß erfuhr, gilt nicht als Geheimnis, doch wird davon nur gelegentlich im kleinen Kreise erzählt. Jetzt ist nicht die passende Stimmung, die jungen Brüder einzuweihen. Gurnemanz lenkt daher ab und befiehlt, das Bad vorzubereiten.

Da bemerken die Knappen und Ritter eine Reiterin, die wild durch den Wald galoppiert. Sie wird sofort erkannt: Es ist Kundry.

Eine sonderbare Persönlichkeit. Sie ist die einzige Frau, die den Weg ins Gralsgebiet findet, dient über lange Zeit hinweg unermüdlich und selbstlos, reist in ferne Länder, um Heilsalben zu beschaffen – dann bleibt sie wieder für viele Monate verschwunden. Gegenüber den Brüdern gibt sie sich abweisend wie ein ungezähmtes Tier, harsch und unfreundlich, weist jeden Dank zurück. Ihr Alter ist unbestimmbar.

Mal glaubt man, jugendliche Kraft in ihren Augen zu entdecken, im nächsten Moment hält man sie für alt, ja zeitlos. Und man nimmt eine Bürde wahr, die sie mit durchs Leben schleppt und schier erdrückt. Wenn sie eine aufopferungsvolle Tat vollbracht hat, hofft sie wohl auf ein Ende ihres Leidens. Da dieses nicht eintritt, bricht sie entmutigt und ausgezehrt zusammen und flüchtet in Schlaf.

Sie hat Balsam aus Arabia dabei. Hektisch springt sie vom Pferd und bringt das kleine Kristallgefäß zu Gurnemanz. „Hilft der Balsam nicht, Arabia birgt dann nichts mehr zu seinem Heil." Sie wendet sich ab und lässt sich auf den Boden fallen.

Amfortas kommt mit seinem Gefolge. Auf einem Ruhelager wird er Richtung See getragen. Bei Gurnemanz hält der Zug an, die Sänfte wird niedergelassen.

Nur mühsam richtet sich Amfortas auf. Er ist erleichtert, dass die qualvolle Nacht vorüber ging und dass er nun vom Bad im See ein wenig Linderung erhoffen darf.

„Nach wilder Schmerzens-nacht"

Er fragt nach Gawan.

Ein Ritter erzählt, Gawan sei wieder fort, um neue Heilkräuter zu holen.

Das verärgert Amfortas, weil dieser sich entgegen den Geboten nicht abgemeldet hat. Hinter seiner Reaktion verbirgt sich jedoch die Sorge, auch Gawan könnte in die Fänge Klingsors geraten. Amfortas beruhigt sich rasch. Seit der Prophezeiung ist er gelassener geworden und vertraut auf göttliche Hilfe. „Der reine Tor!", spricht er vor sich hin.

Gurnemanz übergibt das Kristallgefäß, das Kundry gebracht hat.

„Und wer gewann es?"

Gurnemanz zeigt auf Kundry.

Amfortas erkennt sie sofort. Um für ihre Mühe zu danken, will er den Balsam ausprobieren.

Kundry weist den Dank barsch zurück: „Nicht Dank! –
Haha! Was wird es helfen? Nicht Dank! Fort, fort! Ins
Bad!"

Ihr Verhalten überrascht niemand. Amfortas gibt ein
Handzeichen, die Träger nehmen die Sänfte auf und bringen
den Gralskönig zum See.

Kundry liegt kraftlos am Boden, stöhnt vor sich hin.
Ihr wirres, langes Haar und ihr schmutziger, zerrissener
Umhang lassen sie verwahrlost wirken. Dies und ihre Unzu-
gänglichkeit reizen die Knappen zu Spott.

„He! Du da! Was liegst du dort wie ein wildes Tier?",
ruft einer.

„Sind die Tiere hier nicht heilig?", gibt Kundry zurück.

Ja, die Tiere gelten hier als heilig. Weil sie auf Grund ihrer Natur nicht fähig sind, ihre Erlösung anzustreben, ver-
dienen sie besonderes Mitgefühl und herausgehobene Be-
handlung – als befänden sie sich bereits in erlöstem Zustand.

„Doch ob heilig du, das wissen wir grad noch nicht",
provoziert der Knappe weiter.

Gurnemanz schreitet ein: „Schuf sie euch Schaden je?"
Im Gegenteil, gibt er zu bedenken. Wie oft habe sie als rast-
lose Botin gedient und bei Gefahren geholfen!

„Doch hasst sie uns. – Sieh nur, wie hämisch dort nach
uns sie blickt!", eifert der Knappe.

„Eine Heidin ist's, ein Zauberweib", ruft ein anderer.

Gurnemanz überlegt, denkt an das Rätsel, das Kundry
umgibt. „Ja, eine Verwünschte mag sie sein. Hier lebt sie
heut – vielleicht erneut, zu büßen Schuld aus frührem Leben, die dorten ihr noch nicht vergeben." Vermutlich voll-
bringe sie deshalb gute Taten für die Gralsgemeinschaft. –
Eine andere Möglichkeit, Erlösung zu suchen, sicherlich eine
rechte. „Dient uns – und hilft auch sich."

Der älteste Knappe spielt auf den Verlust des Speeres
an, auf die Not, die dadurch über die Gemeinschaft herein-
brach. Ist das eine Schuld, für die sie büßen möchte?

Gurnemanz weiß es nicht, obwohl er sie schon lange kennt. Titurel, so erzählt er, kenne sie noch länger. Erstmals habe er sie beim Bau von Monsalvat gesehen. Er fand sie unter Gestrüpp. Doch der Zusammenhang, den der Knappe herstellte, ist auffällig: Wenn sie lange verschwunden blieb, brach oft ein Unglück herein. So war es auch damals! Unvermittelt ruft Gurnemanz Kundry zu: „He! Du! – Hör mich und sag: wo schweiftest damals du umher, als unser Herr den Speer verlor?"

Kundry schweigt.

„Warum halfst du damals nicht?"

„Ich helfe nie", sagt sie nur.

Wenn sie wirklich so treu helfe, dann könne sie ja den Speer zurückholen, schlägt der ältere Knappe spöttisch vor.

Der Disput wird Gurnemanz nun zu feindselig und würdelos – jetzt, da der heilige Speer und sein tragischer Verlust angesprochen wurden.

„Jedem ist's verwehrt", ruft er. Dabei kehren vor sein inneres Auge die entsetzlichen Ereignisse zurück, die er miterleben musste. „O, wunden-wundervoller heiliger Speer! Dich sah ich schwingen von unheiligster Hand!" Aufgewühlt erinnert er sich, wie er mit Amfortas loszog und schließlich mit dem verwundeten König heimkehrte. *Gurnemanz' Erzählung*

Gurnemanz hat sich inzwischen auf einen Baumstumpf gesetzt, denn während seines bewegten Erinnerns war er immer mehr ins Erzählen gekommen. Die Knappen sitzen nun am Boden, um bequem zuhören zu können. Doch gerade als der älteste Knappe nachfragt, weil er mehr über Klingsor erfahren möchte, werden sie unterbrochen. Zwei Knappen kommen vom See. Sie können berichten, dass der Balsam aus Arabia den Schmerz gelindert habe. Dann nehmen sie bei den anderen Platz, denn Gurnemanz will mit seiner interessanten Schilderung fortfahren.

Da Klingsor angesprochen wurde und nun Zeit und Ruhe ist, holt der Gralshüter weiter aus. Wer könnte die Geschichte, wie das Gralsreich gegründet und Klingsor ausgeschlossen wurde, besser darstellen als dieser treue Gefährte von Titurel und Amfortas? Mit seiner sensiblen, aber kräftigen Stimme beschreibt er die dramatischen Wendungen und am Ende auch die traurige und bedrohliche Gegenwart: „Der Speer ist nun in Klingsors Hand; kann er selbst Heilige mit dem verwunden, den Gral auch wähnt er fest schon uns entwunden."

Einer seiner jungen Zuhörer wirft ein: „Vor allem nun: der Speer kehr' uns zurück!"

Nun erzählt Gurnemanz sogar von dem Wunder, das Amfortas erleben durfte: die Prophezeiung. „Durch Mitleid wissend der reine Tor; harre sein, den ich erkor."

Die Wiederholung der Worte des Heilands ergreift Gurnemanz zutiefst. Schmerzhaft bohren in ihm Wunsch und Hoffnung, bald das Ende der Not zu erleben.

Die Knappen haben die Beschreibungen so sehr berührt, dass sie die Formel nachsprechen: „Durch Mitleid wissend der reine Tor..."

2.
Der Tor

Parsifals Auftritt Ritter und Knappen schreien aufgeregt im Wald. Irgendetwas ist passiert.

Gurnemanz und seine Zuhörer fahren auf. Als endlich ein Ritter auf die Lichtung läuft, erfahren sie die Neuigkeit: Ein Schwan wurde von einem Pfeil getroffen. Sie blicken nach oben und sehen, wie das Tier die Kontrolle über seinen Flug verliert und immer tiefer sinkt.

Weitere Männer kommen herbei.

„Wer schoss den Schwan?", will Gurnemanz wissen.

In diesem Moment flattert der Schwan durch das Geäst und stürzt ins Unterholz. Einige laufen los, um das Tier zu bergen.

„Der König grüßte ihn als gutes Zeichen, als überm See kreiste der Schwan: da flog ein Pfeil...", erzählt ein Ritter hastig.

Da wird der Schwan hereingetragen. Er ist tot. Ein Pfeil steckt in seiner Brust, über das weiße Gefieder rinnt Blut.

Wer hat auf dem Gralsgebiet ein Tier getötet?, fragen die Brüder entrüstet.

Dann wird ein junger Mann gebracht. Er ist mit Pfeil und Bogen bewaffnet.

„Der war's! Der schoss!"

Ein Gralsritter hat den Pfeil aus dem Körper des Schwanes gezogen und vergleicht ihn mit den Pfeilen im Köcher des Mannes. Er gleicht den anderen.

Gurnemanz tritt dem Jäger entgegen und fragt streng: „Bist du's, der diesen Schwan erlegte?"

Der junge Mann ist Parsifal. Ziellos und ohne Bindung treibt er durch die Welt, immer auf der Suche nach Abenteuern. Ahnungslos kam er auf das Gralsgebiet, jagte, wie er es seit jeher tut. Stolz auf seine Treffsicherheit lacht er: „Gewiss! Im Fluge treff ich, was fliegt."

Welten stehen gegeneinander. Gurnemanz ist betroffen, wie unbekümmert ein Mensch den Tod eines Tieres verschulden kann. Um Parsifal die Augen zu öffnen, redet er heftig auf ihn ein: „Du konntest morden, hier im heil'gen Walde? – Was tat dir der treue Schwan?" Habe er denn nicht bemerkt, so wirft er ihm weiter vor, dass der Schwan sein Weibchen suchte? „Dich lockt' es nur zu wild kindischem Bogengeschoss?" Dann schiebt er ihn vor den Kadaver des Tieres, und Parsifal muss das blutige Gefieder betrachten. „Gebrochen das Aug', siehst du den Blick?"

So zum Innehalten gezwungen, spürt Parsifal plötzlich eine Regung in seiner Seele. Er packt den Bogen und zerbricht ihn am Knie. Anschließend zieht er die restlichen Pfeile aus dem Köcher und schleudert sie ins Gebüsch.

Gurnemanz hakt nach: „Erkennst du deine große Schuld?"

„Ich wusste sie nicht", versichert Parsifal, um sich entschuldigend aus der beklemmenden Situation zu befreien.

Doch Parsifal ahnt, dass er am Anfang einer noch unüberschaubaren Entwicklung steht. Gurnemanz hingegen hofft, den ersehnten Tor getroffen zu haben. Der junge Mann scheint unwissend, und er hat den Weg ins Gralsreich gefunden!

Der Gralsdiener möchte mehr über den Unbekannten erfahren, fragt nach Herkunft, Vater, Herr und Name, aber Parsifal kann keine Antwort geben. Stets zuckt er die Schultern: „Das weiß ich nicht."

Amfortas wird bald vom See kommen. Gurnemanz lässt kurz ab von Parsifal und schickt die Ritter und Knappen hinunter zum Ufer. Einige haben aus Ästen eine kleine Bahre gefertigt, auf die sie nun den Kadaver des Schwanes legen. Ehrfürchtig, als würden sie einen toten Mitbruder zu Grabe tragen, heben sie die Bahre auf und gehen damit fort.

Gurnemanz und Parsifal bleiben alleine zurück. Kundry liegt noch immer am Waldboden, wechselt zwischen Halbschlaf und müdem Beobachten. Doch als Gurnemanz den Unbekannten bittet, das Wenige zu erzählen, das er weiß, und Parsifal seine Mutter Herzeleide nennt, richtet sich Kundry auf. Irgendeine Erinnerung scheint in ihr wach geworden zu sein.

Gurnemanz bleibt beharrlich und will noch mehr in Erfahrung bringen. Vergeblich – was er erzählt, ist ohne Inhalt. Ratlos schweigt Parsifal.

Plötzlich ruft Kundry den beiden Männern mit absonderlichem Lachen ihr Wissen zu: Sein Vater Gamuret sei kurz vor der Geburt des Sohnes im Kampf gefallen. Um das Kind von waghalsigen Heldentaten abzuhalten, habe ihn die Mutter in völliger Abgeschiedenheit aufgezogen.

Parsifal erzählt aufgeregt weiter: Eines Tages sah er im Wald prächtige Ritter. Er wollte werden wie sie und lief der Mutter davon. Aber er fand keinen Anschluss, schlägt sich stattdessen auf eigene Faust durch die Wildnis, lebt von der Jagd.

„Ja, Schächer und Riesen traf seine Kraft; den freislichen Knaben lernten sie fürchten", wirft Kundry ein.

Parsifal ist erstaunt und stolz. Gibt es tatsächlich Gegner, die Angst vor ihm haben?

„Die Bösen", antwortet Kundry.

Diese Aussage überrascht Parsifal noch mehr. Wieso ausgerechnet die Bösen? Hat sein Leben etwas mit den Begriffen „gut" und „böse" zu tun? „Wer ist gut?", fragt er bewegt.

Gurnemanz geht auf das womöglich überzogene Gespräch zwischen den beiden nicht ein und nennt ein einfaches Beispiel: „Deine Mutter, der du entlaufen und die um dich sich nun härmt und grämt."

Wieder geht Kundry wild dazwischen: „Zu End' ihr Gram: seine Mutter ist tot."

„Tot? – Meine Mutter? – Wer sagt's?"

„Ich ritt vorbei und sah sie sterben: dich Toren hieß sie mich grüßen."

Parsifal gerät außer sich, packt Kundry an der Kehle und beginnt, sie zu würgen. Sofort schreitet Gurnemanz ein. Mit einem kräftigen Griff reißt er Parsifal von seinem Opfer. Wütend wirft er ihm diese neuerliche Gewalttat vor und stellt sich vor Kundry: „Nie lügt Kundry, doch sah sie viel."

Dies alles überfordert Parsifal. Die Weltsicht Gurnemanz', die eigene Befindlichkeit, die Vorhaltungen – und nun auch noch die Nachricht vom Tod der Mutter. Er starrt erregt vor sich hin.

Sofort ist Kundry zur Stelle. Sie provozierte Parsifal hämisch, und Parsifal hat ihr Gewalt angetan. Sie hat Schuld auf sich geladen, und Parsifals Vergehen muss mit Liebe beantwortet werden. Also bringt sie ihm zur Stärkung Wasser. „So recht!", spricht Gurnemanz. „So nach des Grales Gnade: das Böse bannt, wer's mit Gutem vergilt."

Das will Kundry nicht hören. „Nie tu ich Gutes; – nur Ruhe will ich", stöhnt sie. Sie fällt zurück in ihre Müdigkeit. Alles hat wieder einmal zu nichts geführt. Sie schleppt sich an den Rand der Lichtung, kauert sich im Gebüsch zusammen, sehnt sich nach Schlaf. Noch einmal fährt sie kurz hoch und sieht auf Parsifal. Mit ihm hat es eine Bewandtnis. „Die Zeit ist da", redet sie vor sich hin. Dann überkommt sie ihr Verlangen nach Schlaf.

Gurnemanz ist sich sicher: Der junge Mann ist arglos; zwar ein ungebändigter Draufgänger, aber durchaus sensibel und aufnahmefähig – der gesuchte Tor? Er muss ihn vor den Gral und vor Amfortas bringen, damit er „durch Mitleid wissend" werden kann.

Die Zeit ist vorangerückt, vom See kommen die Ritter mit Amfortas. Sie tragen ihn zur Burg Monsalvat, in die Tempelhalle, wo eine Messe stattfinden wird.

Gurnemanz legt seine Hand auf Parsifals Schulter und beginnt, ihn zu führen – er mache sich mit ihm auf dem Weg zum Gral.

Verwand-
lungsmusik

„Wer ist der Gral?", fragt Parsifal.

„Das sagt sich nicht, doch bist du selbst zu ihm erkoren", antwortet Gurnemanz.

Parsifal merkt, dass die Gegenstände um ihn herum in Bewegung geraten sind. Die Sicht auf die Umgebung verändert sich während des Gehens auf ganz natürliche Weise, doch mengt sich eine weitere Wahrnehmungsebene hinzu. Und Parsifal ahnt, dass es mit dem Gral etwas ganz Besonderes, Unerklärliches auf sich hat. Er blickt um sich. Er hört mächtige Glockenschläge in unmittelbarer Nähe, obwohl er die Burg noch in einiger Entfernung glaubte. „Ich schreite kaum, doch wähn ich mich schon weit", sagt er staunend. Da stehen sie plötzlich vor einem hohen Torbogen, der sich offenbar gerade eben aus mächtigen Baumstämmen geformt hat. Niemand, der nicht vom Gral gerufen wird, findet in die Burg Monsalvat. Was für die Wege in das Gralsreich gilt, gilt umso mehr für das Eingangsportal zum Gralstempel.

„Du siehst, mein Sohn, zum Raum wird hier die Zeit", erklärt Gurnemanz. Sie sind in einer Erfahrungswelt angelangt, die mit den alltäglich gebräuchlichen Sinnen nicht wahrzunehmen ist. Gurnemanz fordert Parsifal auf, alles, was er sehen wird, aufmerksam zu verfolgen. Dann treten sie durch das Tor in die Halle.

Der Gralstempel ist ein breiter Rundbau, auf dem eine hohe Kuppel ruht. Nur durch einen schmalen Schacht am Scheitelpunkt fällt Tageslicht in den Saal. An den massiven Säulen, welche den Innenbereich einfrieden, lodern Fackeln. Der Blick des Betrachters wird auf einen Steintisch im Zentrum des Kreises gelenkt, exakt in der Senkrechten des Lichtschachtes. Er ist dem Gral vorbehalten, der gewöhnlich in einer Seitenkapelle in einem Schrein aufbewahrt wird. Vor diesem Tisch haben Messdiener eine Speisetafel mit zwei Krügen Wein und zwei Körben Brot aufgetragen. Im Schein der Kerzen, die den Tisch schmücken, wirkt die Anordnung karg, aber feierlich. *1. Gralstempelszene*

Soeben werden die Seitentüren geöffnet, und die Ritter schreiten mit ihren Knappen in langen Prozessionen in den Raum. In ihrem Gesang vergegenwärtigen sie sich die eigene Sterblichkeit. Jedes Mahl kann das letzte sein: „Zum letzten Liebesmahle gerüstet Tag für Tag, gleich ob zum letzten Male es heut uns letzen mag, wer guter Tat sich freut, ihm *Chor der Gralsritter: „Zum letzten Liebesmahle"* wird das Mahl erneut: der Labung darf er nahn, die hehrste Gab' empfahn."

In einem weiten Kreis nehmen sie Aufstellung. Dann kommen Knappen mit dem Gralsschrein, dicht darauf wird Amfortas auf seinem Ruhebett hereingetragen. Den Schrein stellen sie auf den Tisch, Amfortas wird auf ein Steinpodest hinterhalb dieses Platzes gebracht. Gurnemanz hält sich mit Parsifal am Rand. Von einer Säule aus können sie die Mitte des Tempels gut einsehen. Gurnemanz bleibt nah bei Parsifal, um jede seiner Regungen beobachten zu können.

Es dauert eine ganze Weile, bis alles für die anstehende Messfeier vorbereitet ist. Ein kleiner, unsichtbarer Knabenchor singt aus der Höhe der Kuppel, eine einzelne Stimme ist mit einer Meditation zu hören: „Der Glaube lebt: die Taube schwebt, des Heilands holder Bote. Der für euch fließt, des Weines genießt und nehmt vom Lebensbrote."

Dann wird es still. Die Blicke sind auf Amfortas gerichtet, der mit geschlossenen Augen in gebückter Haltung verharrt.

Aus der Grabesgruft, die sich in einem unbeleuchteten Bereich der Halle befindet, ruft plötzlich der greisenhafte Titurel: „Mein Sohn Amfortas, bist du am Amt? Soll ich den Gral heut noch erschaun und leben? Muss ich sterben, vom Retter ungeleitet?"

Der Vater fordert die Enthüllung des Grals, dessen Anblick Amfortas mit seiner Schuld konfrontiert. Amfortas hebt den Kopf und fleht in die Richtung, aus der die Stimme Titurels gekommen war: „Noch einmal verrichte du das Amt! Lebe, leb und lass mich sterben!"

Doch Titurel fühlt sich zu schwach dazu, will sein Grab nicht mehr verlassen: „Du büß im Dienste deiner Schuld", ruft er unnachgiebig. „Enthüllt den Gral!"

Knappen gehen sogleich auf den Schrein zu.

„Nein! Lasst ihn unenthüllt!", befielt plötzlich Amfortas. Er weiß, dass ihn letztlich sein Königsamt dazu zwingen
wird, die Gralsmesse zu feiern, aber allein der Gedanke an
die Enthüllung des Heiligtums ist ihm unerträglich. Er lehnt
sich dagegen auf, ruft seinen Brüdern ins Gedächtnis, dass es
nicht allein die körperliche Verletzung ist, die ihn quält: Er
als einziger Sünder unter allen muss den Segen für seine un-
tadeligen Brüder erflehen! Schweiß ist auf seine Stirn getreten, fiebrig stemmt er sich von seinem Lager und verliert
sich in eine Vision, als wäre das Heiligtum bereits enthüllt:
Beim Anblick des Grals glaubt er, das Blut des Heilands zu
spüren, das in sein Herz fließt. Das eigene, verunreinigte
Blut gerät in Wallung, bahnt sich einen Weg durch die offe-
ne Wunde und ergießt sich über die Welt seiner Schwach-
heit. Statt Heilung zu erhalten, hat er noch sehr viel stärker
die Qualen zu ertragen, die ihm die Wunde erzeugt – eine
Wunde gleich der, die Jesus Christus zugefügt wurde.

Das ist einer jener Augenblicke, auf die Gurnemanz
gewartet hat. Das Leid Amfortas' wird in seinem ganzen
Ausmaß sichtbar. Wie reagiert Parsifal? Gurnemanz beobachtet, wie er gebannt den König fixiert und unwillkürlich
mit der rechten Hand an sein Herz greift. Nach einiger Zeit
aber sinkt die Hand wieder nach unten, und Parsifal verfolgt
weiter angespannt das Geschehen.

Noch einmal bündelt Amfortas seine Kraft und fleht:
„Du Allerbarmer! Ach, Erbarmen! Nimm mir mein Erbe,
schließe die Wunde, dass heilig ich sterbe, rein Dir gesun-
de!"

Erschöpft fällt er schließlich zurück auf sein Lager.

Die Brüder können den Anblick des Grals nicht ent-
behren. Ist keine Erlösung möglich, so benötigen sie zumindest Linderung der Lebensqual durch einen zeitlich begrenz-
ten, aber regelmäßigen Eindruck. Das Schicksal des Königs
berührt ihre Herzen, doch seelisches Leiden eines einzelnen
ist letztlich unerheblich, wenn die Rücksichtnahme darauf

die Glaubensausübung der Gemeinschaft beeinträchtigen
würde.

Knabenstimmen aus der Kuppel wiederholen den
Spruch der Prophezeiung. Die Ritter fordern Amfortas auf,
geduldig auf den Toren zu warten und sein Amt auszuüben.
Titurel ruft aus dem Grab: „Enthüllet den Gral!"

*Enthüllung
des Grals* Einige Knappen gehen nun zu den Säulen und löschen
die Fackeln, sodass sich der Raum nach und nach verdun-
kelt. Andere öffnen den Schrein. Amfortas erhebt sich von
seinem Lager, tritt, gestützt von zwei Brüdern, vor den
Steintisch und holt die Kristallschale aus dem Gehäuse.
Durch das Entfernen der Fackelbeleuchtung ist der Lichtstrahl, der von oben auf den Gralstisch fällt, umso sichtbarer
geworden. In dem Augenblick, als Amfortas den Gral über
den Schrein erhebt, beginnt das Kristall wie zum Leben er-
weckt zu leuchten.

Amfortas, nun in einem stillen Gebet versunken, zeigt
den Gral der Runde. Der Knabenchor in der Höhe der Kuppel begleitet das Zeremoniell mit meditativen Gesängen.
Schließlich segnet Amfortas Wein und Brot. Die Ritter
knien dazu nieder. Am Ende dieser Handlung stellt Amfortas den Gral zurück in den Schrein.

Die Speisung beginnt. Die Fackeln werden wieder ent-
zündet, Messdiener verteilen das Brot an die Ritter und füllen den Wein in Becher. Die Ritter versammeln sich um den
Speisealtar, erneuern durch Umarmungen ihre Glaubensge-
meinschaft und zelebrieren das Mahl.

Gurnemanz fordert seinen stummen Begleiter auf, ihm
zur Tafel zu folgen. Doch Parsifal fühlt sich außer Stande,
weshalb er bewegungslos bei der Säule bleibt. Gurnemanz
geht alleine zu den Brüdern.

Amfortas hat sich unterdessen zurück auf sein Lager
geschleppt. Er ist vom Mahl ausgeschlossen. Seine Wunde
blutet stark, sodass Helfer zu ihm eilen und einen frischen
Verband auflegen.

Nach einiger Zeit treten die Ritter vom Speisetisch zurück, um sich wieder in Prozessionszügen zu ordnen. In dieser Aufstellung ziehen sie langsam aus der Halle. Ebenso werden der Gralsschrein und Amfortas hinausgetragen. Parsifal steht noch immer an der Säule. Die Ereignisse haben ihn sichtlich bewegt, aber die erhoffte Äußerung bleibt aus.

Grimmig geht Gurnemanz auf ihn zu: „Was stehst du noch da? Weißt du, was du sahst?"

Wieder greift Parsifal an seine Herzseite, aber schließlich schüttelt er ratlos den Kopf.

Der alte Gralshüter zuckt die Schultern. Er hat sich wohl getäuscht! Parsifal ist nur ein dummer Wilderer! Er öffnet also eine kleine Seitentür und zeigt ihm die Richtung: „Dort hinaus, deinem Wege zu!" Dann fügt er bissig an: „Doch rät dir Gurnemanz: lass du künftig die Schwäne in Ruh und suche dir, Gänser, die Gans!"

Mit einem kräftigen Stoß befördert er Parsifal ins Freie und schließt sich daraufhin den letzten Rittern an.

Stimmen singen aus der Kuppel: „Durch Mitleid wissend, der reine Tor. Selig im Glauben!"

3.
Die Erkenntnis

In einem Verließ seines Schlosses sitzt Klingsor. Durch einen Zauberspiegel schaut er in die Welt. Er hat Parsifal ausgemacht. Sein Weg führte ihn in das Zauberreich, dessen üppige Vegetation sein Interesse weckte. Gerade schlägt er sich durch das Buschwerk, bereits in unmittelbarer Nähe der Schlossmauer.

Zweiter Aufzug

Klingsor freut sich. Er beobachtet diesen Fremdling schon geraume Zeit, hat gesehen, wie es ihm unwissend gelungen war, ins Gralsgebiet vorzudringen. Der Knabe ist offenbar der Ausersehene, den die Prophezeiung verheißt; also ist er eine Gefahr für das Zauberreich und eine Gefahr für Klingsors eigene Ambition auf den Gral. Der Umstand, dass Parsifal in das Zauberreich gerät, eröffnet die große Chance, ihn unschädlich zu machen – durch Zerstörung seiner Reinheit.

„Die Zeit ist da!", sagt Klingsor zu sich selbst.

Die Blumenmädchen müssen auf ihn angesetzt werden! Nein, dies ist eine Aufgabe für die herausgestellte Verführerin, die damals auch Amfortas in ihren Bann zog – Kundry.

Auf Kundry lastet aus einem Grund, den nur sie kennt, seit schier unendlich langer Zeit ein Fluch. Seither quält sie sich im Kreislauf ihrer Wiedergeburten durch vielerlei Leben: als Gundryggia, also als nordische Walküre, die Krieger für den Heldentod auswählt, außerdem als Herodias, als Höllenwesen und so fort.

Bald nach der Errichtung des Zauberreiches geriet sie in Abhängigkeit von Klingsor. Dieser kann sie mit Hilfe seiner heidnischen Zauberkräfte unterjochen, wegen seiner Kastration ist er für ihre Verführungskünste unempfänglich.

Die Suche nach einer Auflösungsmöglichkeit ihres Fluches treibt sie hin und her zwischen der sinnlichen Zauberwelt und der asketischen Welt der Gralsgemeinschaft. Irgendwo zwischen diesen beiden Polen muss der Ausweg liegen, denkt sie. In der Vereinigung mit einem Mann, der ihr frei und aufrichtig seine Liebe schenkt, hofft sie, Heilung erfahren zu können. Doch alle Gralsritter, denen sie bislang begegnet ist, zerfielen in ihren Armen zu gehaltlosen Wesen.

Weil sie die Männer dabei im Sinne der Gralsideale verunreinigt, verschuldigt sie sich zwangsläufig immer wieder an der Gemeinde und an ihrem eigenen Streben nach Tugendhaftigkeit. Umso mehr treibt es sie dann zurück ins

Gralsgebiet, um dort ihre Vergehen durch unterwürfiges Dienen abzubüßen. Da ihr aber auch dabei der Schritt zur Erlösung nicht gelingt, zieht es sie zurück zu Klingsor, wo sie erneut auf Ritter gelenkt wird und einen charakterfesten Mann zu finden hofft.

Kundry kam zur rechten Zeit zurück ins Zauberreich. Durch seinen Spiegel zwingt der Magier sein Werkzeug an Ort und Stelle. „Herauf! Herauf! Zu mir! Dein Meister ruft dich Namenlose!"

Sie hat tief geschlafen. Mühsam windet sie sich aus ihren Träumen. Wie hasst sie Klingsor, den sie als Mann nicht erstnehmen kann, und der sie gerade deshalb so beherrscht! Immer wieder lässt sie sich von ihm in den grellen Tag seiner süßlichen Blumenhölle nötigen.

Doch die Verachtung beruht auf Gegenseitigkeit. Kundry ist, wenn sie als Verführerin dient, der Inbegriff von Sinnlichkeit, wodurch sie Klingsor zwangsläufig an seine Selbstverstümmelung erinnert. Und Kundry verpasst keine Gelegenheit, auf seinen Makel mit höhnischem Gelächter anzuspielen. Auch nicht auf seinen kläglich gescheiterten Versuch, als Mitglied der Gralsgemeinschaft Erlösung zu finden.

Klingsor blickt Kundry gebieterisch in die Augen und erinnert an ihre wichtigste Tat: die Verführung Amfortas'. „Den Gefährlichsten gilt's nun heut zu bestehn: ihn schirmt der Torheit Schild."

„Ich – will nicht!"

„Wohl willst du, denn du musst."

Sie kann ihren Meister demütigen und beschimpfen, aber abwehren kann sie ihn nicht. Sein Zauber und die Kraft des Fluches, der sie unaufhörlich zur Suche nach einem Ausweg treibt, sind übermächtig.

„Schwach auch er! – Schwach – alle! Meinem Fluch mit mir alle verfallen!" Sie hat keine Hoffnung, dass dieser Gast anders sein könnte als die bisherigen.

„Ha! Wer dir trotzte, löste dich frei: versuch's mit dem Knaben, der naht!", spottet Klingsor.

„Ich – will nicht!", kreischt Kundry noch einmal. Aber der Druck in ihr duldet keine Ausnahme.

Der Eindringling müsste schon in Sichtweite sein. Klingsor klettert rasch auf die Zinne und überblickt die Außenanlage. Die Burg wird von Kämpfern verteidigt, ehemaligen Gralsrittern, die in Klingsors Dienste gefallen sind. Sie sehen in Parsifal einen Feind und versuchen, ihn abzuwehren. Doch Parsifal schlägt sich geschickt und tapfer, verletzt und tötet die Wächter. „Wie das ich euch gönne!", lacht Klingsor. „Möge denn so das ganze Rittergezücht unter sich selber sich würgen!"

Schließlich überwindet Parsifal die Wehranlage und dringt in den Schlossgarten ein.

Es wird Zeit, dass sich Kundry aufmacht! „He! Kundry!", ruft Klingsor. Doch sie ist schon fort.

Blumen-mädchen-szene Im Garten leben die Blumenmädchen. Zauberwesen, von Klingsor eigens für seine Zwecke geschaffen. Sie brauchen die Liebe, um blühen zu können.

Der Lärm an der Mauer hat sie alarmiert. Die Liebhaber, die bei ihnen geschlafen haben, sind verschwunden. Offenbar sind sie zum Kampf gelaufen. Einige Mädchen kommen aus dem Schloss. Sie berichten von Verletzten und Toten, die im Saal liegen; und sie erzählen von einem Fremden.

Da erscheint Parsifal auf der Mauer. Über eine kleine Steintreppe gelangt er in den Garten. Erschreckt springen die Mädchen zur Seite und schimpfen auf ihn ein: „Wagst du zu nahn? Was schlugst du unsere Geliebten?"

Parsifal ist entzückt. Er hat weitere Krieger erwartet, an denen er gerne seine Streitkünste gemessen hätte, aber keine solch anmutigen Wesen! Schnell erfindet er ein Kompli-

ment: „Ihr schönen Kinder, musst' ich sie nicht schlagen?
Zu euch, ihr Holden, ja wehrten sie mir den Weg."
Damit gewinnt er sofort die Sympathie der Mädchen.
Durch wen sie blühen, ist ihnen einerlei, weshalb sie sich
rasch und mühelos auf Parsifal umstellen können: „Du
schlugst unsere Gespielen! Wer spielt nun mit uns?" Dazu
kichern sie vergnügt.

Dicht drängen sie sich um Parsifal und versprechen
„Minnesold" als Lohn für Liebesspiele. Einige verschwinden
kurz hinter dichtem Gebüsch. Dort kleiden sie sich in bunte
Gewänder, die sie wie Blumen erscheinen lassen. Sie breiten
die Arme aus, als wollten sie einen Schmetterling anlocken.
Dann stürzen sie sich auf den neuen Geliebten: „Komm,
komm, holder Knabe! Dir zu Wonn' und Labe gilt mein
minniges Mühen", singen sie zuckersüß. Dabei tanzen sie
einen Reigen um Parsifal.

„Komm, komm, holder Knabe!"

Die anderen Mädchen, denen durch diesen Auftritt die
Aufmerksamkeit entzogen wurde, hüpfen ebenfalls hinter
die Hecke, um sich in Blumenpracht zu hüllen. Danach mi-
schen sie sich unter die ersten, versuchen, an Parsifals Lie-
besbezeugungen zu gelangen. Einige schmeicheln: „Kannst
du uns nicht lieben und minnen, wir welken und sterben dahin." Parsifal kann nicht auf alle zugleich eingehen. Andere
rufen: „Lass mich die Wange dir fühlen! – Den Mund lass
mich dir küssen! – Nein, ich! Die Schönste bin ich! – Nein!
Ich bin die Schönste! – Ich bin schöner! – Nein! Ich dufte
süßer! – Nein, ich!" Die Balgerei beengt Parsifal. Die Mädchen hacken aufeinander ein, fühlen sich vernachlässigt:
„Nein, lieber will er mich! – Du wehrest mich von dir? –
Wie, bist du feige vor Frauen? – Wie ist er kalt! – Nein, mir
gehört er an!"

In einem günstigen Moment entkommt er der Umklammerung und springt auf die Treppe, die hinauf zum
Wehrgang führt. „Ihr fangt mich nicht!"

123

Gerade, als er die Stufen hinaufstürmen will, ruft eine Frauenstimme: „Parsifal! – Weile!"

Parsifal hält sofort inne. Verwirrt blickt er in den Garten, doch Bäume versperren die Sicht auf die Stelle, von der das Rufen kam. Die Unbekannte hat ihn „Parsifal" genannt. „So nannte träumend mich einst die Mutter", erinnert er sich. Woher weiß sie das?

Wie in eine ferne Zeit entführt, steigt Parsifal zurück in den Garten und beschreibt einen Bogen um die Baumgruppe. Er findet eine Frau mit langen schwarzen Locken, die auf einer Matte auf der Wiese liegt. Auch sie trägt ein aufreizendes Blumenkleid. Doch sie wirkt sehr viel ernsthafter als die übrigen Mädchen. Ihre Verführung greift an einen tieferen Punkt in Parsifals Innerem.

„Hier weile! Parsifal!", wiederholt sie und schickt die Blumenmädchen zu den Verwundeten im Saal. Die Mädchen verabschieden sich wehmütig und enttäuscht. Dann laufen sie, schon wieder kichernd, ins Schloss.

Kundry ist völlig verändert. Klingsors Zaubermacht hat nicht lediglich eine Maske über sie gezogen, sondern ihre gesamte Persönlichkeit verwandelt. Aus der zermarterten Kreatur ist eine wunderschöne Frau geworden. Selbstbewusst nutzt sie ihr Wissen über Parsifals Vergangenheit, um ihr Netz auszubreiten.

„Riefst du mich Namenlosen?", fragt Parsifal unsicher.

„Dich nannt' ich, tör'ger Reiner, ‚Fal Parsi', dich, reinen Toren: ‚Parsifal'." Diesen Namen gab Gamuret seinem ungeborenen Sohn, berichtet sie. „Ihn dir zu künden, harrt' ich deiner hier."

Ausgehend von dieser Lüge kommt sie rasch ins Erzählen von Parsifals Mutter. Gefühlvoll, als sei sie selbst Herzeleide, beschreibt sie die Mutterfreude und Sorge um das Kind. Oft lief er fort, oft fand sie ihn wieder.

Erinnere er sich nicht daran, wie sie ihn dann wütend und erleichtert küsste? Hat ihm dieses Küssen Angst gemacht, fragt sie eindringlich.

Dann fährt sie fort: „Doch ihr Wehe du nicht vernahmst, nicht ihrer Schmerzen Toben, als endlich du nicht wieder kamst und deine Spur verstoben!" Sie wartete Tage und Nächte auf die Rückkehr des Sohnes. Der Schmerz brach ihr schließlich das Herz – und Herzeleide starb.

Parsifal hört vom Tod der Mutter zum zweiten Mal. Diesmal führt es nicht zu verzweifelter Wut, diesmal, in Gegenwart dieser verführerischen Frau, drückt es ihn in eine Geste der Unterwerfung. Er lässt sich vor Kundry fallen, beschimpft sich als „blöder, taumelnder Tor", beklagt das Schicksal der Mutter.

In diesen Moment der Schwäche fädelt Kundry ihr süßestes Lockmittel: Sie stellt Trost in Aussicht, Trost, den im großen Schmerz der Reue nur die Liebe zu geben vermag.

Parsifal lässt sich immer tiefer in seinen trüben, düsteren Morast sinken, wohl wissend, dass ihn eine zärtliche Hand in sinnliche Wärme ziehen wird. „Nur dumpfe Torheit lebt in mir!", klagt er noch einmal, dann umfasst Kundry seinen Kopf und holt ihn nah an sich heran. „Bekenntnis wird Schuld in Reue enden, Erkenntnis in Sinn die Torheit wenden", spricht sie leise. „Die Liebe lerne kennen", sagt sie weiter, die Liebe, die einst sein Vater von Herzeleide erfuhr. Von ihr, der Mutter, bringe sie ihm heute „als Muttersegens letzten Gruß der Liebe – ersten Kuss."

Die Liebesbotschaft der Mutter, mag sie echt oder erfunden sein, nimmt Parsifal nahezu besinnungslos entgegen. Lange dauert der Kuss.

Doch plötzlich wehrt sich Parsifal dagegen! Er befreit sich aus der Umarmung und springt auf. „Amfortas! – Die Wunde! – Die Wunde! – Sie brennt in meinem Herzen", ruft er außer sich. Dabei presst er die Hände gegen sein Herz, als müsse er starke Schmerzen dämpfen. Er hat einen Zusam-

Kundrys Verführungskuss/ „Amfortas! Die Wunde!"

125

menhang hergestellt zwischen diesem Verführungskuss und Amfortas' Wunde. „Die Wunde sah ich bluten: – nun blutet sie in mir." Die Leiden des Gralskönigs müssen von einer solchen Liebesbegegnung herrühren! Ihre Ursache ist „sündiges Verlangen".

Kundry ist ebenfalls aufgeschreckt. Was Parsifals Verhalten zu bedeuten hat, kann sie nicht einschätzen. Aber sie schöpft Hoffnung. Verbirgt sich hinter diesem Toben ein Anzeichen für die Erlösereigenschaft? Besitzt er die Stärke, sie durch Liebe von ihrem Fluch zu befreien? Sie beobachtet wie gebannt die Vision, die Parsifal überkommt.

Er sieht sich in den Augenblick zurückversetzt, als im Tempel der Gral gezeigt wurde. Durch seine Erscheinung spendete das Gefäß den Rittern Linderung der Lebensqualen. Doch der Anblick führte nicht zur Heilung. Es bedarf einer Tat! Der Schmerz in Parsifals Seite, damals wie jetzt, pocht unaufhörlich fort. Da hört er eine Stimme. Es ist die Stimme des Heilands: „Erlöse, rette mich aus schuldbefleckten Händen!" Diese Bitte habe er, Parsifal, damals im Gralstempel empfangen, aber nicht wahrgenommen. Stattdessen stürmte er, einfältig und ahnungslos, weiter durch die Welt.

Ja, dieser Mann wird mit ihr den Weg aus ihrem Leidenskreislauf gehen, hofft Kundry. Er konnte ihr widerstehen, er hat im Liebeszauber seine Persönlichkeit bewahrt. Also ist er willensstark und fähig.

Sie tritt erwartungsvoll an Parsifal heran und streicht über seine Stirn. „Sei hold der Huldin Nahn!"

„Ja, diese Stimme! So rief sie ihm", erkennt Parsifal. Auf diese Weise muss es sich zugetragen haben. Es waren Kundrys Locken, ihre Wangen, ihr Nacken, ihr Kuss. „Das Heil der Seele entküsste ihm der Mund! – Ha! – Dieser Kuss!" Angewidert stößt er Kundry von sich.

„Grausamer!", schreit Kundry verzweifelt. Parsifal sehe in ihr nur die teuflische Verführerin! Ihre tatsächliche Identität sei eine andere! Diese muss der Retter wahrnehmen, damit er sie erlösen kann! So denkt Kundry. „Was bannt dich, Böser, nicht mir auch zum Heil dich zu einen?"

Also erzählt sie, welches Schicksal sie durchlebt, welcher Fluch auf ihr lastet: Damals bei der Kreuzigung auf Golgota hat sie den Heiland gesehen. „Ich sah – ihn – ihn – und – lachte ... da traf mich sein Blick." Anstatt Mitleid zu haben, hat sie Jesus Christus verhöhnt! Diese Schuld verfolgt sie. „Nun such ich ihn von Welt zu Welt, ihm wieder zu begegnen." Durch gute Taten will sie würdig für seine Vergebung werden, bis sie ihn eines Tages, in welcher Gestalt auch immer, wiedertrifft. Während sie bislang stets wieder zurück in ihr Lachen, in ihre Rolle als Verführerin verfiel, sieht sie sich nun am Ziel: „Lass mich an seinem Busen weinen, nur eine Stund mich dir vereinen, und, ob mich Gott und Welt verstößt, in dir entsündigt sein und erlöst."

Kundry sieht den Mann vor sich, der ihr widerstanden hat und ihr aus dieser Position heraus Liebe entgegen bringen kann. In der körperlichen Vereinigung erwartet sie, die Verzeihung des Heilands zu empfangen.

Ihr Gedanke reicht jedoch zu kurz. Erlösung ist nicht durch Liebeserwartung und Liebeszuwendung zu erlangen, sie erfordert vielmehr aktives Tun, nämlich demütige und bedingungslose Anerkennung der göttlichen Autorität. Unabdingbar ist hierzu die Verneinung aller egoistischen Wünsche, vorrangig das Überwinden des Geschlechtstriebes.

Parsifal ist nicht Erlöser, er ist derjenige, dem es aufgegeben ist, den Heiland aus seiner Notlage zu befreien, sodass dieser anschließend das Erlösungswerk vollbringen kann. Also stößt Parsifal Kundry noch einmal zurück. Eine Stunde in ihren Armen würde alles zunichte machen, erklärt er. Und er fügt hinzu: „Auch dir bin ich zum Heil gesandt, bleibst du dem Sehnen abgewandt."

Kundry versteht ihn nicht und argumentiert: „So war es mein Kuss, der welthellsichtig dich machte? Mein volles

Liebesumfangen lässt dich dann Gottheit erlangen!" Durch die Liebesverschmelzung würde er selbst zum Gott und fähig, Erlösung zu spenden!

Parsifal lässt sich nicht beirren. Er muss zurück zu Amfortas. Wenn sie ihm den Weg zeige, werde auch sie Erlösung finden.

„Nie – sollst du ihn finden!", schreit Kundry. Sie fordert mit ihrem absonderlichen Lachen, Parsifal solle Amfortas verderben lassen! Sein eigener Speer habe ihn ja verwundet!

Wer hat ihn geführt, fragt Parsifal erstaunt.

Kundry verschweigt Klingsor und nennt den Heiland: „Er – er – der einst mein Lachen bestraft." Und die Kraft des Fluches wende sie nun auch gegen ihn, Parsifal!

Als sich Parsifal entschlossen abdreht, packt sie ihn und fleht: „Mitleid! Mitleid! mit mir!"

Parsifal reagiert heftig: „Vergeh, unseliges Weib!"

Kundry schreit um Hilfe. Parsifal ruft sie nach: „Und flöhest du von hier und fändest alle Wege der Welt, den Weg, den du suchst, des Pfade sollst du nicht finden: denn Pfad' und Wege, die dich mir entführen, so verwünsch ich sie dir: Irre! Irre!"

Unterdessen ist Klingsor auf der Mauer erschienen. In der Hand hält er den Speer. Da Kundry mit ihren Verführungskünsten den Tor nicht ausschalten konnte, muss er es selbst tun.

„Halt da! Dich bann ich mit der rechten Wehr!" Dann wirft er die Reliquie auf Parsifal.

Die heilige Waffe lässt sich nicht gegen Parsifal verwenden! Sie lenkt sich selbst und verbleibt über Parsifals Kopf. Dieser versteht das Wunder, nimmt den Speer und schlägt damit ein Kreuzeichen: „Mit diesem Zeichen bann ich deinen Zauber: wie die Wunde er schließe, die mit ihm du schlugest, in Trauer und Trümmer stürz' er die trügende Pracht!"

Das Zauberreich zerfällt. Wo starke Mauern, hohe Bäume und bunte Blumen standen, erstreckt sich im Nu ein karges Ruinenfeld mit verdorrten Pflanzen. Kundry liegt in den Trümmern.

„Du weißt – wo du mich wiederfinden kannst!", sagt Parsifal. Dann geht er davon.

Zerstörung des Zauber-reichs

4.
Die Erlösung

Kundrys Irrtum und Verfluchung von Parsifals Rückweg kosten viel Zeit. Und das Leiden dauert an. Tag um Tag versucht Amfortas, seiner Qualen Herr zu werden, Tag um Tag hofft die Gralsgemeinde, dass heute ihre Sehnsucht gestillt wird.

Auch Kundry leidet und vegetiert vor sich hin. Ihr unerträglicher Zustand zwingt sie zu der Einsicht, dass sie keine verzeihende Liebe erwarten darf. Nur noch Gutes tun und das Begehren überwinden, das alleine wird zur Erlösung führen.

An einem frühen Karfreitagsmorgen schaut Gurnemanz, der inzwischen zum Greis geworden ist, aus einem Fenster seiner Einsiedlerhütte. Er hat Wimmern und Stöhnen gehört. Das muss eine Frau gewesen sein. Der alte Gralshüter geht nach draußen. Von einer Dornenhecke muss der Laut gekommen sein. Er sucht und entdeckt Kundry. Leblos kauert sie am Boden.

„Auf! – Kundry! – Auf!", ruft er ihr zu. Der Winter ist vorbei, der Frühling ist da!

Da sie nicht reagiert, zieht er den starren Körper auf die Wiese vor seiner Hütte, wo die ersten Sonnenstrahlen das

Dritter Aufzug

129

Gras erwärmen. Gurnemanz beginnt, sie an Händen und Schläfen zu reiben. Allmählich kehrt Leben in sie zurück, und sie öffnet die Augen. Ihr Blick hat sich verändert, das erkennt Gurnemanz sofort. Früher nahm er eine scheue und unergründliche Unruhe wahr, nun sieht sie ihm fest und mild entgegen. Noch einmal entfährt ihr ein klagender Schrei, dann erhebt sie sich langsam. Anders als sonst legt sie Wert auf ihre Erscheinung. Sorgfältig prüft sie ihre Kleidung, streift Falten aus und schüttelt Blätter und Erde ab. Anschließend ordnet sie das Haar.

Gurnemanz spricht sie an: „Du tolles Weib! Hast du kein Wort für mich?"

Kundry schweigt. Schließlich sagt sie kurz: „Dienen ... Dienen!"

Es gebe nichts zu dienen, entgegnet Gurnemanz. Die Mitglieder der Gralsgemeinde haben sich auf die Anfänge ihres Menschseins zurückbesonnen. „Kräuter und Wurzeln findet ein jeder für sich selbst, wir lernten's im Walde vom Tier." Doch Kundry erkundet schon, wie sie sich nützlich machen könnte. Sie holt einen Wasserkrug aus der Einsiedlerhütte, mit dem sie zu einer Quelle am Waldsaum geht.

Gurnemanz beobachtet sie aufmerksam. „Wie anders schreitet sie als sonst!" Er erklärt sich dies mit der Heiligkeit des Karfreitags, die auch sie ergriffen haben wird.

Kundry füllt gerade den Krug mit Quellwasser, als sie einen Ritter bemerkt, der aus der Finsternis des Waldes auf die Lichtung zukommt. Er trägt eine schwarze Waffenrüstung mit Helm, und er führt einen Speer. Kundry winkt Gurnemanz herbei.

„Wer naht dort dem heil'gen Quell in düstrem Waffenschmucke? Das ist der Brüder keiner", wundert sich der Greis.

Gespannt warten beide, bis der Fremde vor ihnen Halt macht. Müde setzt er sich auf einen Stein bei der Quelle.

Lange fällt kein Wort. Gurnemanz versucht, den Unbekannten einzuschätzen. Dieser bleibt in sich versunken.

Endlich bricht Gurnemanz das Schweigen: „Heil dir, mein Gast! Bist du verirrt, und soll ich dich weisen?" Der Ritter reagiert nur mit kurzem Kopfschütteln.

Gurnemanz hakt nach. Wolle er ihn nicht grüßen? Wenn ihm ein Gelübde das Sprechen verbiete, so möchte er ihn darauf hinweisen, dass er auf geweihtem Boden sei, auf dem man keine Waffen trüge! Ob er denn nicht wisse, welcher Tag heute sei!

Schließlich beginnt der Fremde, auf Gurnemanz zu achten und seiner Bitte nachzukommen. Er steht auf und rammt den Speer in den Boden, legt Schild und Schwert beiseite und zieht den Helm vom Kopf. Dann kniet er nieder und betet vor dem Speer.

Gurnemanz erschrickt, als er die Gesichtszüge sieht. Bewegt fragt er Kundry: „Erkennst du ihn? Der ist's, der einst den Schwan erlegt."

Kundry nickt.

„Gewiss, 's ist er, der Tor, den ich zürnend von uns wies." Überwältigt begreift er: „Ha! Welche Pfade fand er? Der Speer – ich kenne ihn. Oh! – Heiligster Tag, an dem ich heut erwachen soll't."

Doch Gurnemanz fasst sich rasch. Parsifal hat bislang kein Wort gesprochen. Ob er den Speer als der prophezeite Retter bringt, ist noch unklar.

Schließlich beendet Parsifal sein Gebet und grüßt Gurnemanz: „Heil mir, dass ich dich wiederfinde!"

„So kennst auch du mich noch? – Wie kamst du heut? Woher?"

Er habe einen langen Irrweg hinter sich. Aber jetzt fühle er sich am Ziel. „Oder – irr ich wieder?", fügt er vorsichtig hinzu.

„So sag, zu wem den Weg du suchtest?", will Gurnemanz endlich wissen.

„Zu ihm, des tiefe Klagen ich törig staunend einst vernahm, dem nun ich Heil zu bringen mich auserlesen wähnen darf."

Er ist wirklich in der erhofften Absicht gekommen! Bewegt versichert Gurnemanz, sein Suchen sei zu Ende! Die Ritterschaft warte auf ihn!

Und dann berichtet der Greis, was sich hier zwischenzeitlich zugetragen hat, welches Leid die Gemeinde ertragen musste: Die beständigen Qualen haben Amfortas trotzig und verbittert gemacht. Er weigert sich seit einiger Zeit, den Gral zu enthüllen. Die Schale bleibt also im Schrein und den Blicken der Ritter entzogen. Der König hofft, sich selbst auf diese Weise so sehr auszuzehren, dass er sterben kann. Statt der heiligen Speisung erhalten die Ritter nur gewöhnliche Nahrung. Sie sind mürbe und schwermütig geworden. Und das Ärgste: Vor wenigen Tagen ist Titurel in seiner Gruft verstorben – ohne Gral und Speer vereint gesehen zu haben!

„Und ich – ich bin's, der all dies Elend schuf!", klagt Parsifal. Entsetzt über seine Torheit überschüttet er sich mit Vorwürfen. Das alles hat seine Kräfte angegriffen. Er schwankt, als würde er sogleich in Ohnmacht fallen. Sofort wird er von Gurnemanz gestützt, und Kundry bringt Wasser aus der Quelle.

Gurnemanz hält sie zurück. Die Quelle sei heilig. Das Wasser sei für höhere Zwecke da – nicht für eine bloße Erfrischung. Es sei aber an der Zeit, dem Wanderer symbolisch den Staub seines langen Irrwegs abzuwaschen. Parsifal wird daher auf den Steinsitz bei der Quelle zurückgebracht, dann entfernen Gurnemanz und Kundry seinen Brustharnisch sowie die Beinschienen. Kundry beginnt mit der Fußwaschung.

„Werd heut zu Amfortas ich noch geleitet?", fragt Parsifal währenddessen.

Gewiss, antwortet Gurnemanz. In Kürze findet eine Trauerfeier für Titurel statt. Zu Ehren seines Vaters hat sich Amfortas bereit erklärt, noch einmal den Gral zu enthüllen. Die Füße sind gereinigt. Da sich alles so fügt, wie Parsifal es erhofft hat, kann er die Vergangenheit hinter sich lassen und Würde entwickeln – wie es für einen künftigen Gralskönig angemessen und erforderlich ist. Mit einer freundlichen Geste bedankt er sich bei Kundry. Er hat sie wiedererkannt und ihre erstaunliche Wandlung wahrgenommen. Dann bittet er Gurnemanz um den Segen.

Gurnemanz benetzt seinen Kopf mit Quellwasser: „Gesegnet sei, du Reiner, durch das Reine! So weiche jeder Schuld Bekümmernis von dir."

Inzwischen hat Kundry seine Füße mit Öl beträufelt und mit ihren Haaren getrocknet. Parsifal nimmt das Fläschchen und gibt es Gurnemanz: „Du salbtest mir die Füße, das Haupt nun salbe Titurels Genoss, dass heute noch als König er mich grüße."

Der alte Mann tut, worum er gebeten wurde. Dann segnet er Parsifal.

Nun ist der künftige Gralskönig auf seine Aufgabe vorbereitet – er ist gereinigt, gestärkt und gesegnet. Es wird Zeit, Kundry einzubeziehen. Sie ist offenkundig dazu bereit. Also holt Parsifal Wasser aus der Quelle und bittet Kundry, sich vor ihm niederzuknien. „Mein erstes Amt verricht ich so: die Taufe nimm und glaub an den Erlöser."

Während er Kundry tauft, beginnt sie zu weinen. Es ist ein befreiendes Weinen, denn alle Trauer und Verzweiflung, die sich während ihrer vielen Leben in ihrer Seele aufgestaut haben, können sich endlich einen Weg nach draußen bahnen.

Unterdessen hat sich die Erscheinung der Natur verändert. Mit den rituellen Handlungen legte sich mildes Licht über die Bäume, Sträucher und Wiesen, und das Grün leuchtet nun satt und kraftvoll.

Parsifal ist erstaunt, als er über die Lichtung blickt. „Wie dünkt mich die Aue heut so schön!" Er erinnert sich an die Wunderblumen in Klingsors Garten, doch diese Blumen hier sind unverfälscht und gewinnen durch ihren reinen Duft.

Gurnemanz nennt das „Karfreitagszauber".

„Karfreitagszauber?" Wie kann der Tag des Schmerzes solche Schönheit hervorbringen, fragt Parsifal.

Die Natur werde heute von den Reuetränen der Sünder bewässert, erklärt Gurnemanz. Den Tieren und der Vegetation sei es ja nicht möglich, selbst nach Erlösung zu streben, also seien sie auf die Erlösung des Menschen angewiesen. Die Tränen geben die Gewissheit, dass heute der Einklang von Mensch und Schöpfung zurückkehrt, der einst mit dem Sündenfall zerstört wurde.

Als Parsifal Kundrys Tränen sieht, spricht er zu ihr: „Auch deine Träne ward zum Segenstaue: du weinst – sieh! es lacht die Aue." Sanft küsst er ihre Stirn.

Die Glocken der Burg Monsalvat läuten.

„Mittag", sagt Gurnemanz. „Die Stund' ist da. Gestatte, Herr, dass dein Knecht dich geleite!"

Gurnemanz legt seinen Gralsrittermantel über Parsifals Schulter, Parsifal nimmt den Speer. Gemeinsam mit Kundry machen sie sich auf.

Die Gralsritter ziehen in den Saal. Ihre Stimmung ist dunkel. Sie trauern um Titurel, dessen Sarg sie mitführen. Eine zweite Prozession bringt Amfortas auf seinem Ruhelager. Vornweg tragen sie den Schrein. Amfortas wird wieder auf das Steinpodest, der Schrein auf den Tisch gebracht. Davor stellt man den Sarg.

Die Ritter erinnern den König an sein Versprechen: „Du Hüter des Grals! Ach, zum letzten Mal, sei deines Amts gemahnt!"

Amfortas will zu seinem Wort stehen – auch wenn er den Tod vorziehen würde.

Einige Ritter öffnen Titurels Sarg. Der Anblick der Leiche löst Schmerz und Betroffenheit aus. Amfortas drängt es dazu, den toten Vater um eine letzte Gnade anzuflehen: Er soll den Erlöser, den er bald sehen werde, bitten, ihm endlich den ersehnten Tod zu bringen.

Die Ritter sind hungrig nach dem Anblick des Grals. Ungeduldig dringen sie auf Amfortas ein: „Enthüllet den Schrein! – Walte des Amtes! Dich mahnet dein Vater: Du musst, du musst!"

Unerwartet weigert sich der König. Er will hier und unverzüglich sterben! Die lange Abstinenz vom Gral hat ihn bereits nah an den Rand des Todes gebracht, so fühlt er. Wenn er jetzt den Gral erneut erblickt, wird er wiederum Lebenskräfte erhalten! Er reißt seinen Mantel auf und wankt den Rittern entgegen: „Hier bin ich – die offne Wunde hier! Das mich vergiftet, hier fließt mein Blut. Heraus die Waffe! Taucht eure Schwerter tief – tief, bis ans Heft! Auf! Ihr Helden! Tötet den Sünder mit seiner Qual, von selbst dann leuchtet euch wohl der Gral."

Die Ritter sind zurückgewichen.

Da bahnt sich Parsifal einen Weg durch die Menge. Er senkt den Speer und schreitet entschlossen, aber würdevoll auf Amfortas zu. „Nur eine Waffe taugt: – die Wunde schließt der Speer nun, der sie schlug." Dabei legt er die Spitze auf Amfortas' Wunde, und nach wenigen Augenblicken ist sie vernarbt.

„Nur eine Waffe taugt" und Finale

In den Augen des alten Königs spiegeln sich Erleichterung und Glück. Von Gurnemanz gestützt, tastet er sich zurück auf sein Ruhelager.

Dann tritt Parsifal in die Mitte der Gralsritter und verkündet: „Den heil'gen Speer – ich bring ihn euch zurück!"

Die Männer können nur zögernd fassen, dass die Reliquie heimgekehrt ist und das Warten und Leiden damit ein Ende nimmt.

Als neuer König der Gralsgemeinde gibt Parsifal die sehnlich erwartete Anweisung: „Enthüllet den Gral, öffnet den Schrein!"

Knaben reichen Parsifal den Kelch. Dieser kniet nieder und versenkt sich in ein stummes Gebet, während die Gralsritter Stärkung aus dem Anblick des Gefäßes beziehen.

Die Fackeln an den Säulen werden gelöscht, sodass der Lichtstrahl wieder deutlich sichtbar wird. Aus der Kuppel sind Stimmen zu hören: „Höchstes Heiles Wunder! Erlösung dem Erlöser!" Die Reliquien Gral und Speer sind vereint, der Heiland ist aus seiner Notlage befreit. Eine weiße Taube wird über dem Kopf des Gralskönigs sichtbar.

Da bricht Kundry zusammen. Der Kreislauf der Wiedergeburten hat seinen Abschluss gefunden. Nach vielen hundert Jahren Erdendasein sehnt sich ihre Seele nach dem Tod.

Schließlich erhebt sich Parsifal und lässt den Gral in der Lichtsäule erstrahlen. Die Zeit scheint still zu stehen, die Gedanken und Gefühle münden in endlose Ruhe und Zufriedenheit.